租税徴収
の
実務対策

税理士

橘素子

著

一般財団法人
大蔵財務協会

は　し　が　き

　租税の滞納に対する国民の関心の高まりと相まって、徴収されるべき租税が確実に徴収されることの要請が高まっているが、昨今の経済情勢の下では、困難を伴うのが実情と思われます。しかしながら、納税は国民の義務であり、かつ、大多数の納税者が期限内に納税していることを鑑みると、期限内に納税した者との公平を図る上で、滞納の防止策を講じるとともに厳正かつ的確な滞納整理を実施する必要があります。

　実際の滞納整理に当たっては、納税者個々の実情に即した対応が必要になり、具体的には、納税に誠意がない者に対しては、差押えを中心とした滞納整理を、納税に誠意はあるが災害、病気、取引先の倒産などにより期限内納付が困難な者に対しては猶予措置を講ずる必要があります。平成27年の税制改正において、猶予制度の見直しが行われ、毎月の分割納付を条件として納税者の申請に基づき換価の猶予をすることができることとされたほか、換価不能財産の差押解除規定が創設されています。

　本書は、滞納整理の実務に携わる職員にとって、必要な基本的事項について、国税徴収法の解釈を中心として、問答形式により取りまとめたものです。特に滞納者の実情に即した納税の緩和措置に対応するため、第1章では滞納整理の基本となる事項を取り上げ、第2章では納税者からの申し出への対応をわかりやすく説明し、さらに第3章では国税徴収法ほかが用意している納税の緩和措置について改めて詳説しています。

　また、本書では、各問答に加えて、滞納整理の実務対策を示すこ

とにより、滞納整理の実務を携わる職員が滞納者との交渉をスムーズに進められるように工夫しました。地方税や地方自治体の徴収金の徴税のため、預金や給与に係る債権の差押えが活発に行われている実情を踏まえ、滞納者との差押え後の交渉ルールをある程度示しておくことが肝要と考え、「対策のポイント」としてまとめています。これら「対策のポイント」は、滞納者との納税交渉に当たり、基本的な姿勢とも言えるものであり、その理解が徴税に繋がるものと考えられます。

　本書が滞納整理実務の経験が少ない方はもとより、広く滞納整理事務に携わる皆様のお役に立てることができれば幸いです。

　終わりに、本書は、一般財団法人大蔵財務協会編集局の方々のご理解と多大なる御協力のもとに出版することができました。この場を借りて御礼申し上げます。

　令和3年7月

橘　素子

目　次

第1章　滞納整理の基本

Q1 租税の徴収……………………………………………………3

Q2 督促の手続……………………………………………………6

Q3 督促状返戻の場合の対処……………………………………8

Q4 強制執行の開始と徴収の確保………………………………10

Q5 倒産処理手続と繰上請求……………………………………13

Q6 納税の催告とその効果………………………………………15

Q7 納税者の所在が不明の場合の書類の送達…………………17

Q8 認知症の滞納者に対する書類の送達………………………19

Q9 代表者を欠く法人に対する書類の送達……………………20

第2章　納税者からの申出への対応

Q10 親族による第三者納付の申出………………………………25

Q11 分割納付の申立てへの対応…………………………………27

Q12 クレジットカードによる納付の申出………………………29

Q13 事業継続困難のための差押え解除の申出…………………31

第3章　納税の緩和措置

Q14 担保徴取の仕方………………………………………………35

Q15 猶予取消しの要件·································38

Q16 納税保証人からの徴取·····························40

Q17 延滞税・延滞金の免除·····························42

Q18 納税緩和制度···47

Q19 納税の猶予申請··51

Q20 課税遅延による納税の猶予·····················55

Q21 一時に納付できない場合の換価の猶予申請··················58

第4章 財産の調査

Q22 財産調査の方法··63

Q23 給与照会の対応拒否と差押え·····················70

Q24 徴収職員による捜索·································72

Q25 立会人不在の場合の捜索·····························74

Q26 鍵のかかっている金庫の捜索·····················76

Q27 日没となった場合の捜索の続行·····················78

Q28 住居や事務所以外の場所についての捜索··················80

第5章 滞納処分の効力

Q29 滞納者死亡後になされた差押えの効力··················85

Q30 合併があっ場合の滞納処分の効力·····················87

Q31 信託の受託者の変更等があった場合の滞納処分の効力····88

Q32 仮差押え執行財産への差押え·····················90

Q33 仮差押解放金の差押え·································92

Q34 仮処分執行財産への差押え・・・・・・・・・・・・・・・・・・・・・・・・・・・・・・・・・94

Q35 仮処分解放金の差押え・・・・・・・・・・・・・・・・・・・・・・・・・・・・・・・・・・・・・・・98

第6章　財産の差押え（通則）

Q36 差押財産の範囲・・103

Q37 差押えの手続・・・105

Q38 差押財産の帰属認定・・・・・・・・・・・・・・・・・・・・・・・・・・・・・・・・・・・・・・109

Q39 差押えの時期・・・112

Q40 差押えの効力・・・113

Q41 差押財産選択時の留意事項・・・・・・・・・・・・・・・・・・・・・・・・・・・・・・117

Q42 差押えの制限・・・119

Q43 差押換えの請求への対応・・・・・・・・・・・・・・・・・・・・・・・・・・・・・・・・121

Q44 相続財産と相続人固有の財産の差押え・・・・・・・・・・・・・・・・124

Q45 差押禁止財産の範囲・・・・・・・・・・・・・・・・・・・・・・・・・・・・・・・・・・・・・126

Q46 給与差押えの留意事項・・・・・・・・・・・・・・・・・・・・・・・・・・・・・・・・・・129

Q47 公的年金差押えの留意事項・・・・・・・・・・・・・・・・・・・・・・・・・・・・133

Q48 給与振込みの預金口座の差押えの可否・・・・・・・・・・・・・・・135

Q49 遺言による相続分の指定・・・・・・・・・・・・・・・・・・・・・・・・・・・・・・・138

第7章　動産・有価証券の差押え

Q50 動産・有価証券の差押手続・・・・・・・・・・・・・・・・・・・・・・・・・・・・・145

Q51 第三者占有財産の差押手続・・・・・・・・・・・・・・・・・・・・・・・・・・・・147

Q52 貸金庫の捜索と差押手続・・・・・・・・・・・・・・・・・・・・・・・・・・・・・・・150

Q53 差押有価証券の取立手続……………………………………152

第8章　債権の差押え

Q54 将来債権の譲渡性…………………………………………157
Q55 診療報酬債権の差押え……………………………………159
Q56 債権譲渡への対処…………………………………………162
Q57 譲渡禁止の特約と債権の差押え…………………………164
Q58 差押預金と貸付金の相殺…………………………………167
Q59 被相続人名義の預金の差押え……………………………169
Q60 遺産分割前の預貯金の一部払戻制度に基づく請求権の
差押え………………………………………………………171
Q61 預金の帰属認定……………………………………………173
Q62 敷金返還請求権の差押えと取立て………………………176
Q63 自動継続特約付定期預金の差押えと取立て……………178
Q64 債権差押えと被差押債権の時効の完成猶予及び更新……179
Q65 生命保険の解約返戻金支払請求権の差押えと取立て……181
Q66 差押債権の取立て…………………………………………184
Q67 給料債権について強制執行と滞納処分とが競合した場
合の処理……………………………………………………187

第9章　不動産の差押え

Q68 差し押さえた無体財産権のうち取り立てることができ
る債権 ……………………………………………191

Q69 競売開始決定された不動産の差押え ……………………193

Q70 滞納者名義の不動産の差押えと民法第94条第2項の類
推適用 ……………………………………………196

第10章　無体財産権の差押え

Q71 相続登記未了不動産の差押手続 ……………………………201

Q72 ゴルフ会員権の差押え ………………………………………203

第11章　差押えの解除

Q73 差押えの解除をしなければならない場合 …………………207

Q74 差押えの解除ができる場合 …………………………………209

Q75 任意売却による差押解除請求への対応 ……………………211

第12章　交付要求・参加差押え

Q76 交付要求の要件、手続 ………………………………………215

Q77 参加差押えの要件、手続 ……………………………………218

Q78 破産手開始決定と交付要件 …………………………………221

第13章　換価・配当

Q79 配当を受けることができる債権の範囲⋯⋯⋯⋯⋯⋯⋯225

Q80 配当と債権現在額申立書⋯⋯⋯⋯⋯⋯⋯⋯⋯⋯⋯227

Q81 残余金の処理⋯⋯⋯⋯⋯⋯⋯⋯⋯⋯⋯⋯⋯⋯⋯230

Q82 公売財産の権利移転の手続⋯⋯⋯⋯⋯⋯⋯⋯⋯⋯⋯233

Q83 国税と地方税の優劣⋯⋯⋯⋯⋯⋯⋯⋯⋯⋯⋯⋯⋯238

Q84 租税と抵当権の優劣⋯⋯⋯⋯⋯⋯⋯⋯⋯⋯⋯⋯⋯240

Q85 抵当不動産の賃料債権に対する物上代位⋯⋯⋯⋯⋯⋯244

Q86 譲渡担保財産の範囲⋯⋯⋯⋯⋯⋯⋯⋯⋯⋯⋯⋯⋯245

Q87 仮登記担保財産に対する滞納処分⋯⋯⋯⋯⋯⋯⋯⋯248

Q88 集合債権譲渡担保の第三者対抗要件⋯⋯⋯⋯⋯⋯⋯⋯250

Q89 譲渡担保権者の物的納税責任の追及⋯⋯⋯⋯⋯⋯⋯⋯252

第14章　納税義務の拡張

Q90 滞納者の死亡と納税義務の承継⋯⋯⋯⋯⋯⋯⋯⋯⋯259

Q91 相続財産法人に対する滞納処分⋯⋯⋯⋯⋯⋯⋯⋯⋯262

Q92 限定承認がされた場合の滞納処分⋯⋯⋯⋯⋯⋯⋯⋯265

Q93 連帯納付義務の制度⋯⋯⋯⋯⋯⋯⋯⋯⋯⋯⋯⋯⋯267

Q94 事業譲受人の第二次納税義務の成立要件⋯⋯⋯⋯⋯269

Q95 無償又は著しい低額譲受人等の第二次納税義務の成立
要件⋯⋯⋯⋯⋯⋯⋯⋯⋯⋯⋯⋯⋯⋯⋯⋯⋯⋯⋯276

Q96 詐害行為取消権の追及⋯⋯⋯⋯⋯⋯⋯⋯⋯⋯⋯⋯⋯282

第15章　その他

Q97 消滅時効の完成猶予及び更新‥‥‥‥‥‥‥‥‥‥‥‥‥‥‥‥‥287

Q98 国民健康保険料の消滅時効‥‥‥‥‥‥‥‥‥‥‥‥‥‥‥‥‥‥292

Q99 国民健康保険料の滞納処分の根拠法令‥‥‥‥‥‥‥‥‥‥‥‥294

Q100 不服申立制度‥‥‥‥‥‥‥‥‥‥‥‥‥‥‥‥‥‥‥‥‥‥‥‥‥296

Q101 破産手続と滞納整理‥‥‥‥‥‥‥‥‥‥‥‥‥‥‥‥‥‥‥‥‥299

第1章

滞納整理の基本

租税の徴収

> 税金が納期限までに納税されなかった場合、どのようにして税金を徴収すればよいのでしょうか。

A

1　租税の徴収に関する法律

　広い意味での租税の徴収は、租税を課する面と課された租税の履行を求める面とに大きく分けることができる。前者については、所得税法、法人税法、相続税法、消費税法、酒税法、地方税法（及び同法の定める範囲内において制定される条例）等の法令により、その課税要件等が定められている。後者の租税が完納されない場合にはじめて発動される強制徴収に関する主要な法律として、国税徴収法が定められている。私法秩序との調整は、手続の面において「滞納処分と強制執行等との手続の調整に関する法律」が制定されており、その他にも、民事再生法、会社更生法、破産法等、租税の徴収に関する規定がおかれている法律は数多い。

　租税の強制徴収（滞納処分）については、国税の徴収手続がその基本とされており、地方税については、地方税法に若干の特別の規定があるほか、徴収法に規定する滞納処分の例によることとされている（地税法68条6項等）。

　公課の徴収についても、「国税徴収の例」、「国税滞納処分の例」等によることとされ、国税の徴収に関する法律がその基本法となっている。

2　徴収手続の概要

　租税は、①課税要件の充足により成立し（この段階では、いわゆる抽象的な租税債権といわれる。なお、成立時期については通則法15条2項及び通則令5条参照）、②申告、更正、決定、賦課決定等の一定の手続により——又は特別の手続を要しないで（通則法15条3項）——確定する（通則法16条）。③確定した租税がその履行期限（納期限）までに納付されれば、その目的を達成して消滅するが、④納期限までに納付されない場合——いわゆる滞納となった場合——には、原則として督促をし、⑤次いで「滞納処分」が行われることになる。この滞納処分は、財産の差押えにはじまり、換価——これらに代わる交付要求（又は参加差押え）——、配当に終わる一連の強制徴収手続の総称である。

　この徴収手続の大きな流れの例外として、一方においては、租税債権の成立前又は確定前に租税を保全する措置、納期限前の租税確保の措置等があり、他方においては、納期限の延長、納税の猶予その他の納税の緩和制度がある。なお、納税者の権利保護及び第三者の権利保護に関する諸措置も設けられている。

（注）「徴収」とは、徴収機関がその強制的権力に基づいて主として納付の期限後に納税義務を実現させるための手続をいい、滞納処分のほか第二次納税義務に係る納付の告知、滞納者の譲渡した譲渡担保財産からその者の租税を徴収する手続等を含むものである。

3　徴税の公平と法律に基づく徴収

　租税原則の最も基本的なものとして「公平の原則」がある。これは、単に課税面における公平負担の原則にとどまらず、徴収面においても確定した租税が公平に実現されることが重視されなければな

らない。そして、大部分の納税者が適正に納税している現状を考えれば、租税の滞納をそのまま放置しておくことは、公平の原則に反するといえる。租税の徴収に関する法律が「税務署長は……督促しなければならない」（通則法37条1項。地税法66条1項参照）、「徴収職員は……滞納者の財産を差し押さえなければならない」（徴収法47条1項。地税法68条1項参照）等と規定している。

　これを、観点をかえてみれば、税務署長又は徴税機関の長は、法律に従って適正に租税を徴収すべき義務を負っており、その恣意によって、徴収を延期したり、租税を免除したりすることは許されない。強制徴収の処分をするにしても、反対に納税緩和の措置を講ずるにしても、いずれも国税徴収法等の規定に従うことを要するのであって、国税徴収法等の法律に基づかない処分は無効となる。

対策のポイント

　実務においては、定められた期限までに税金が納付されなかったとしても、直ちに財産の差押えが行われるわけではなく、租税を分割して納めさせる場合や、一定期間、納税猶予する場合など、納税者の実情に応じた処理が行われる。

督促の手続

督促の手続は、どのようにして行うのですか。

A --

1　書面による督促

督促は、書面によってしなければならず、口頭による督促は無効とされる（行政裁判所大正7年6月3日判決・行録29輯505頁）。この書面は、本来の納税者については督促状（国税の場合は通則規則第三号書式、地方税の場合は、特定のものについて地方税規則第四号及び第四号の二様式参照）と、保証人及び第二次納税義務者については納付催告書（国税の場合は通則規則第五号書式又は徴収規則第二号書式、地方税の場合は書式の定めがない）と、それぞれ称される。

2　督促の時期

督促は、法律又は条例（地税法66条3項参照）に特別の定めがある場合を除き、納期限から50日（地方税の場合は、20日）以内に発することとされている（通則法37条2項、52条3項、徴収法32条2項、地税法66条1項等）。もっとも、この督促の時期に関する規定は、いわゆる訓示規定であって、その後にされた督促も有効である（徳島地裁昭和30年12月27日判決・行集2887頁）。

3　延滞税等の督促

督促にかかる租税について、延滞税、利子税又は延滞金（以下「延滞税等」という。）があるときは、その租税とあわせて督促をする（国税については通則法37条3項に明文がある。地方税について

は明文がないが、その書式からみて同様に考えられる）。もっとも、延滞税等だけについて督促をしても、有効と解される。

　なお、延滞税等だけが履行遅滞になっている場合には、それについて督促することになる（延滞税又は利子税の納期限がその計算の基礎となる国税の納期限であることについては通則法37条1項参照。また、延滞金については地税法64条1項参照）が、その計算の基礎となる租税が督促を要しないものであるときは、その延滞金等についても督促を要しないと解される。

4　督促状の送達

　督促状は、通常は郵便又は信書便により、送達を受けるべき者の住所、居所、事務所又は事業所あてに送達するが、税務官庁の職員がこれらの場所に臨場して直接交付することもできる（通則法12条1項、地税法20条1項）。

　郵便又は信書便によって督促状を発送した場合には、通常到達すべきであったときに送達があったものと推定される（通則法12条2項）。

対策のポイント

　督促状に記載した未納税金の金額が督促すべき金額と異なっていたとしても、当該督促が直ちに違法となるわけではなく、督促金額の範囲で有効であると解される。

Q3 督促状返戻の場合の対処

督促状が返戻された場合には、どのようにすればよいのでしょうか。

A --

督促は、書面によってしなければならず、口頭による督促は無効とされる。この書面は、本来の納税者については督促状（国税の場合は通則規則第三号書式、地方税の場合は、特定のものについて地方税規則第四号及び第四号の二様式があるほかは書式の定めがない）と、保証人及び第二次納税義務者については納付催告書（国税の場合は通則規則第五号書式又は徴収規則第二号書式、地方税の場合は書式の定めがない）と、それぞれ称される。

督促状が相手方の所在不明や宛て名の誤記などによって返戻された場合には、その返戻された原因により次の処理をする。

1　相手方の所在が判明したときや督促状の宛名の誤記などの場合には、正当なものに基づいて改めて督促状を送達する。

督促状は、通常は郵便又は信書便により、送達を受けるべき者の住所、居所、事務所又は事業所あてに送達するが、税務官庁の職員がこれらの場所に臨場して直接交付することもできる（通則法12条1項、地税法20条1項）。

郵便又は信書便によって督促状を発送した場合には、通常送達すべきであった時に送達があったものと推定される（通則法12条2項）。

2　調査をしてもなお所在が判明しない場合には、郵便又は信書便

による送達及び交付送達に代えて公示送達する（通則法14条、地税法20条の２）。公示送達は、送達すべき書類の名称、送達を受けるべき者の氏名（名称）及び税務官庁の長がその書類をいつでも送達を受けるべき者に交付する旨を、その税務官庁の掲示場に掲示して行う。

　公示送達をした場合において、掲示を始めた日から起算して７日経過したときは、督促状の送達があったものとみなされる（通則法14条３項）。

3　法人が倒産などにより事実上解散し、その所在が不明な場合には、その法人を代表する権限を有する者の住所に督促状を送達する（通則法基本通達12－２）。

対策のポイント

　督促状が返戻されない場合には、当該督促状は有効に送達されたものと推定される。したがって、返戻された場合には、当該督促状による効力は生じていないため、返戻事績を発送簿に記録し、又は電子記録に残したうえ、所在調査を実施する。

Q 4 強制執行の開始と徴収の確保

　納税者の財産について強制執行が開始されましたが、納期限が到来していない税金について、徴収を確保する方法がありますか。

A

1　繰上請求（地方税では繰上徴収）

　納期限の定めは、通常納税者の利益のためにあるもので（民法136条1項）、納期限までは租税債権の強制徴収の手続をとることはできない。しかし、納税者について特別な事情が生じ、租税債権の完全な実現を図れないおそれがある場合には、租税債権の徴収確保のために、その期限の利益を剥奪することが許されている。これが繰上請求──地方税の場合には繰上徴収と呼ばれている──の制度である。

　この繰上請求により納期限が変更され、その変更後の納期限までに繰上請求をした租税が完納されないときは、税務署長又は徴税機関の長は、督促を要しないで直ちに滞納処分をすることができる（徴収法47条1項2号）。

2　手続

　繰上請求は、①国税の場合には、税務署長は、納付すべき税額、繰上げにかかる期限及び納付場所を記載した繰上請求書を送達して行うが、納税告知がされていない源泉徴収等による国税（通則法2条2号）であるときは、繰上請求をする旨を付記した納税告知書を送達して行う（通則法38条2項）。また、②地方税の場合には、既

に納付の告知をしているとき及び納付の告知を要しないときは、納期限の変更を文書で告知し、そうでないときは、納税の告知をする文書に繰上徴収をする旨を記載することにより行う（地税法13条の2第3項、地税令6条の2）。

3　要件

　繰上請求ができる場合は、①繰上請求の対象となる既に確定した租税（地方税の場合には、地税法13条の2第2項に規定する租税）が、その納期限までに完納されないと認められること（主観的要件）②法定の事情があること（客観的要件）、の二つの要件に該当する場合である（通則法38条1項、地税法13条の2第1項）。

　繰上請求ができる要件事実は、次の六つであって、このうちのいずれかに該当する場合に客観的要件を充足することになる（通則法38条1項、地税法13条の2第1項）。

①　納税者の財産につき強制換価手続が開始されたとき……強制換価手続とは、滞納処分（その例による処分を含む）、強制執行、担保権実行としての競売、企業担保権の実行手続及び破産手続をいう（通則法2条10号。地税法13条の2第1項1号参照）。また、「開始された」とは、差押えの効力が生じたこと（若しくは捜索に着手したこと）又は破産手続開始決定があったことをいうとされている。

②　納税者が死亡した場合において、その相続人が限定承認をしたとき……この場合に繰上請求できる租税は、被相続人から承継した租税に限られ、相続人固有の租税は含まれない。

③　法人である納税者が解散したとき

④　その納める義務が信託財産責任負担債務である租税に係る信

託が終了したとき。

⑤　納税者が納税管理人を定めないで、国税の場合は法施行地内に、地方税の場合はその地方団体の区域内に、それぞれ住所、居所、事務所又は事業所を有しないこととなるとき。

⑥　納税者が不正に、租税の賦課・徴収（滞納処分の執行を含む。）を免れ、若しくは免れようとし、又は租税の還付を受け、若しくは受けようとした、と認められるとき……これは、逋脱行為につき有罪の判決があった場合、国税通則法第11章（地税法1章16節1款）の規定に基づき臨検、捜索若しくは差押えを受け、又は刑事訴訟法に基づき捜索、押収若しくは逮捕を受けた場合等もかかる逋脱行為があったと認められる場合に該当する。

対策のポイント

　繰上請求による変更後の納期限は、日を単位として定める通常の納期限とは異なり、時刻を指定して繰上請求書を交付送達する。

　繰上請求は、それに続いて財産差押えをするところに真の実益があるところから、繰上請求の書面を交付送達し、納期限の指定は、その送達時から極めてわずかの時間後とし、引き続いて差押処分に移ることとしている。

　なお、地方税の場合には、納期限の変更通知書を郵送により送付し、次の日に差押え、又は交付要求の通知を送付する。

倒産処理手続と繰上請求

滞納者に対して倒産処理手続が開始された場合、納期限未到来の租税について繰上請求を行うことができますか。

A

1　繰上請求の要件

繰上請求の要件は次に該当すれば、徴収職員等はその納付すべき税金の納期限を繰り上げて請求することができる（通則法38条1項）。

(1)　既に確定した税金について、その納期限までに完納されないと認められること（主観的要件）

(2)　納税者について、次のいずれかに該当する事由が生じたこと（客観的要件）

　イ　納税者の財産について強制換価手続が開始されたこと。

　　強制換価手続とは、滞納処分、強制執行、担保権の実行としての競売、企業担保権の実行手続及び破産手続をいい、会社更生手続や民事再生手続が開始されても繰上請求事由には該当しない。

　ロ　納税者が死亡し、その相続人が限定承認をしたとき。

　ハ　法人である納税者が解散したとき。

　ニ　信託財産責任負担債務である租税に係る信託が終了したとき。

　ホ　納税者が納税管理人を定めないで、国内に住所、居所、事務所又は事務所を有しないことになるとき。

　ヘ　納税者に脱税等不正の行為があると認められるとき又は、あったとき。

2 破産管財人又は破産裁判所に対する交付要求

破産手続開始の決定がされた場合、財団債権に属する租税債権については、従来と同様、破産管財人に対して交付要求を行うことによって破産手続によらずに随時弁済を受けることができる（徴収法82条1項、破産法151条）。

一方、破産債権に属する租税債権については、交付要求書により破産裁判所に対して債権の届出を行い、破産手続から配当を受ける（徴収法82条1項、破産法114条）。

なお、破産管財人又は破産裁判所に対する交付要求の終期については明文の規定はないが、遅滞なく交付要求を行う必要があることに留意する必要がある。

対策のポイント

納税者が納期限未到来の租税を納付しないまま、破産手続開始決定がされ、交付要求の終期が定められる場合があり、納期限を待っていては交付要求の終期に間に合わずに配当を受領する機会を逸するおそれがある。そのような場合には、繰上請求（地方税は繰上徴収）の手続をとり、交付要求をする。

国税では、納付すべき税額、繰上げに係る期限及び納付場所を記載した繰上請求書を納税者に送達して行う。ただし、納税告知がされていない源泉所得税等による国税については、繰上請求をする旨を付記した納税告知書を送達して行う。

地方税を繰上徴収する場合は、その旨を納税者に対して、納税の告知書又は納期限変更通知書により通知する（地税法13条の2、3項）。

Q6　納税の催告とその効果

> 　納税の催告はどのように行いますか。また、催告にはどのような法的効果がありますか。

A

　納税の催告は、納税者に対して滞納となった租税について自主的な納税を促すために行うものであり、その手続について法令には規定されていない。したがって、文書や電話など適宜の方法により行って差し支えない。実務的には、「納税者○○に面接し、滞納租税○○税○○円について説明した。」等の記録をする。

　納税の催告は民法上の催告の効果があるから、その時から 6 か月を経過するまでの間は、時効の完成が猶予される。

　また、督促状を発した後、6 月以上を経て差押えを行う場合にはあらかじめ催告をするものとされ（徴収法基本通達47 - 18）、「差押予告書」等の文書を送付する取扱いとしている。

　なお、催告を行わないで差押えを行っても、その差押えは違法とはならないことに留意する。

対策のポイント　民法改正による時効の完成猶予

> 　納税者がその国税を納期限までに完納しない場合には、一定の場合を除き督促状によりその納付を督促しなければならない（通則法37条 1 項）。督促は、納付催告として行うものであり、差押えの前提要件である（徴収法47条 1 項 1 号）とともに、時効の完成猶予及び更新の効果が生じる（通則法73条 1 項 4 号）。

差押えは、徴収権の消滅時効の完成猶予の効力がある（通則法72条3項、民法148条1項1号）。この時効の完成猶予の効力は、差押えを解除するまで継続し、解除した時から新たに時効が進行する（民法148条2項）。

　催告があったときは、その時から6か月を経過するまでの間は、時効の完成が猶予される（民法150条1項）。

Q7　納税者の所在が不明の場合の書類の送達

> 納税告知書や督促状の送達先が不明の場合、どのようにして書類を送達すればよいのでしょうか。

A

郵便又は信書便による送達及び交付送達ができない場合には、それに代わる送達の方法として、一定の事項を公告し、一定期間の経過とともに、書類の送達があったものとみなす公示送達の制度がある。

1　要件

公示送達ができるのは、①書類の送達を受けるべき者の住所、居所、事務所及び事業所が明らかでない場合、又は②外国においてすべき送達につき困難な事情があると認められる場合である（通則法14条1項、地税法20条の2第1項）。

この住所等が明らかでない場合とは、送達を受けるべき者について戸籍謄本の附票及び住民票の書面調査、実地調査等をしてもなお住所、居所、事務所及び事業所がともに不明である場合をいう（東京地裁昭和46年5月24日判決・税資62号734頁参照）。

2　方法

公示送達は、送達すべき書類の名称、その送達を受けるべき者の氏名（名称）及びその書類をいつでも送達を受けるべき者に交付する旨を、その行政機関の掲示場に掲示して行う（通則法14条2項、地税法20条の2第2項）。

3　効力

　公示送達の掲示をした場合において、掲示をはじめた日から起算して7日を経過したときは、書類の送達があったものとみなされる（通則法14条3項、地税法20条の2第3項）。すなわち、掲示をはじめた日を含めて8日目に送達の効力を生ずる。督促状を発した日は、掲示を始めた日となる（通則法基本通達14－4）。

　なお、納税告知書のように期限が指定されるものについては、その期限前に送達の効力を発生させることが必要である（期限後に送達の効力が生じたときは、その書類の内容である処分は無効になる。）。

対策のポイント

　税務関係書類は、送達を受けるべき者に確実に送達しなければならないことから、住民票等の公簿を確認し、実地調査等をしてもなお送達先が不明の場合に限り、公示送達の手続を行う。

18

Q8 認知症の滞納者に対する書類の送達

滞納者が認知症の場合、滞納者あてに差押調書謄本などの書類を送達することはできますか。

A

滞納者が、認知症などの制限能力者であっても、差押調書謄本などの書類は、その者の住所又は居所に送達するものとされているが、その者の法定代理人が明らかであるときは、その法定代理人の住所等に書類を送達する（通則法基本通達12-3）。

対策のポイント　成年後見制度

成年後見制度は、知的・精神的能力の低下した成年者を対象に、補助開始の審判を行い、本人のために被補助者を選任するとともに、補助人に特定の法律行為について同意権又は代理権を与える制度である。成年後見開始の審判がなされたことを記録、公示するために、成年後見登記制度が設けられており、国又は地方公共団体の職員は、職務上必要とする場合には、登記事項証明書等を請求することができる（後見登記等に関する法律10条5項参照）。

代表者を欠く法人に対する書類の送達

> 法人が代表者を欠いていることが判明したが、書類の送達に
> 支障がありますか。

A--

　代表者の辞任等により書類を送達すべき法人が代表者を欠いている
る場合にも、法人の本店又は主たる事業所へ送達すれば足りると解
される。また、辞任した代表者は、後任者の決するまで従前の権利
義務を有するから（会社法346条1項）、辞任した代表者、従前から
代表権を有していた取締役等が法人あての書類を受領することによ
って法人に対する送達の効力を生じると解される。

　また、代表取締役が死亡し、後任の代表取締役が選任されない場
合、なるべく早くに、取締役会を開催して後任の代表取締役を選任
し、登記する等の手続をする必要がある。

　代表者不在という事態を解消するため、残った取締役で速やかに
取締役会を開き、後任の代表者を選任する。

　取締役設置会社においては、取締役は3名以上でなければならず、
代表取締役の死亡により残存取締役が2名となってしまった場合は、
臨時株主総会を開いて取締役を3名以上になるよう追加選任した上
で、取締役会で代表取締役の選任を行う。

　後任の代表取締役の就任について登記をすることが必要となり、
登録印鑑の変更又は税務署、市役所等の諸官庁への届出も必要とな
る。

　代表取締役の遺族との関係については、未払報酬や退職慰労金を

支払い、貸付金の返済等の清算を行う必要がある。

　代表取締役が会社の株主であった場合は、株式について相続人の共有となる。株式が2人以上の共有となっている場合は、共有者が会社に対し、権利を行使する者を1人定めて通知した者、又は会社が同意した者のみが権利を行使することとなるので、会社として権利行使者について注意を払う必要がある。

　なお、譲渡制限株式である場合、あらかじめ定款に定めがあれば、相続人に対し、株式を会社に売り渡すことを請求できる。このような定款の定めがある場合、会社として売渡しの請求も行うことを検討すべきである。

対策のポイント

　法人が事実上解散し、又は清算を結了し、その所在が不明であるとき（例えば、登記簿上の法人の所在地に事務所がないとき）は、その法人を代表する権限を有する者の住所等に書類を送達する取扱いとしている（通則法基本通達12－2）。反面、代表者を欠いた法人に対する書類は、原則、法人の本店又は主たる事業所へ送達すれば足りると解される。

第 2 章

納税者からの申出への対応

Q10　親族による第三者納付の申出

　滞納者の親族から滞納者の税金を納付したいとの相談がありました。納税者以外の者が租税を納付することはできますか。また、被相続人の租税を相続人の一人が代表して納付することはできますか。

A

1　租税は、その税金を納付すべき者のために第三者が納付することができる（通則法41条、地税法20条の6第1項）。第三者には、納税者の意思に反して納付する第三者も含み、親族であってもその意思にかかわらず、納付することができる（通則法基本通達41－1）。

　第三者納付は、納税者が納付したのと同様の効果を生じ、その効果は納税者が享受する。したがって、第三者納付された租税について生じた還付金等は納税者に還付することになる（通則法基本通達56－4）。

2　第三者納付をする第三者は、自己の出捐により他人の税金を納付するものであることから、その第三者の名において納付することになる。具体的には、納付書の「納税地」及び「氏名又は名称」欄に第三者の住所及び氏名又は名称を記載し、「納付の目的」欄又は余白に納税者の納税地及び氏名又は名称を記載する（通則法規則1号書式備考7参照）。

　世帯の数人や相続人の数人が滞納している場合には、そのうちの一人から他者の租税を納付したい申し出を受けることがある。督促状や、納税義務の承継通知、催告書等は、納税者ごとに送付しており、その上で、親族の租税について納付の申し出があった場合には、上記2の回答のとおり、納付書を作成して納付させる。

　相続財産を承継した相続人が他の相続人の税金を納税することは、納付の責任額が示されていれば、自己の納税ということになろうが、法定相続分で納税義務を承継している場合が大半であることから、第三者納付を多用することになる。

　また、遺産分割協議がされず、相続財産の分割がされない場合があるので、そのような事態になった場合に、相続財産を差押えすることのリスクを回避するため、相続人の一人に第三者納付させることは有用である。

分割納付の申立てへの対応

> 　納税者から、税金を分割して納付したい旨の申立てがありました。どのように対処すればよいでしょうか。

A

　滞納整理は、納税者の実情（納期限までに納付できなかった理由、現在の収支や資産の所有状況等）に即して進めることになるので、まず、それを調査する必要がある。

1　納付する資力がありながら納付しようとしない、いわば納税についての誠意に欠ける滞納者に対しては、滞納処分手続によって強制的に徴収確保を図るべきである。

2　納税について誠意はあるものの、①災害により損害を受けた、あるいは病気のため仕事ができなかった、②親会社や得意先の倒産などにより事業について著しい損害を受けた、③法定申告期限などから相当期間経過してから修正申告を行った、などの特別な事情で一時に納付できない納税者については、納税を一定期間猶予する制度（納税の猶予）の適用を検討する。

3　納税について誠意があり、完納する見込みのある納付計画を考えている納税者に対しては、その財産を差し押さえ、あるいは担保を提供させた上で、滞納処分の執行を一定期間猶予する換価の猶予制度を講じる。

　もっとも、滞納者がその国税を一時に納付することにより、その事業の継続又は生活の維持が困難となるおそれがある場合において、その者が納税についてその租税の納期限から6月以内に換

価の猶予の申請を提出したときは、１年間に限って滞納処分による換価を猶予することができる（徴収法151条の２、地税法15条の２）ことから、一般的には、申請による換価の猶予の制度を適用している。

対策のポイント

　換価の猶予を申請する者は、租税を一時に納付することができない事情の詳細、猶予を受けようとする金額及び期間、分割納付の方法により納付を行うかどうか、その他一定事項を記載した申請書に、財産目録、収支の明細書などを添付して提出しなければならない。

　この場合において、その者の財産状況その他の事情からみて、その猶予する期間内に各月に納付させる金額が、合理的かつ妥当なものになるようにしなければならない。

Q12　クレジットカードによる納付の申出

クレジットカードによる納付は、どのようにすればできるの
でしょうか。

A

クレジットカードによる国税納付とは、インターネット上でのク
レジットカード支払の機能を利用して、国税庁長官が指定した納付
受託者へ、国税の納付の立替払いを委託することにより国税を納付
する手続である（通則法34の 3 第 1 項 2 号）。

クレジットカード納付については、納付手続が完了した日をもっ
て国税の納付が完了したものとみなされる（通則法34条の 3 第 2 項
2 号）。なお、納付額に応じた決済手数料がかかる。

地方税の徴収金の納付の方法について、平成19年 4 月からは地方
自治法第231条の 2 が改正され、クレジットカードによる収納がで
きるようになった。

なお、具体的な手続としては、次の二通りの方式がある。

○　入力方式

クレジットカード納付専用の Web 画面において、①住所、②
氏名（名称）、③納付する国税の税目、④課税期間、⑤申告区分
及び⑥納付税額等を入力した上、クレジットカード情報を入力す
ることで、納付受託者に国税の納付を委託する方式

○　e-Tax 連動方式

国税電子申告・納税システム（e-Tax）において、「申告等デー
タ」を送信した後、メッセージボックスに格納される受信通知

からクレジット納付専用の Web 画面に移行し、当該「申告等データ」の内容に基づいて自動的に表示される納付税額等の内容を確認の上、クレジットカード情報を入力することで、納付受託者に国税の納付を委託する方式

対策のポイント

　国税の申告納付にあたっては、e-Tax システムにおいて送信する方式（税理士による代理送信）が浸透してきている。令和2年分から適用となる所得税の税制改正として、電子申告等の要件を満たした場合には、青色申告特別控除額を65万円とするが、要件を満たさない場合には55万円となることとされた。

Q13 事業継続困難のための差押え解除の申出

滞納者の売掛金を差し押さえたところ、事業継続に支障が出るため差押えを解除してほしいと申出がありました。差押解除はできるのでしょうか。

A

差押えの解除は、原則として滞納国税が完納とならない限り、することはできない（徴収法79条1項）。

しかしながら、換価の猶予をする場合において、必要があると認めるときは、税務署長等は、差押えにより滞納者の事業の継続又は生活の維持を困難にするおそれがある財産について、その差押えを猶予し、又は既にしている差押えを解除することができる（徴収法151条2項、地税法15条の5第2項）。

対策のポイント

滞納者が分割納付の意思を示さないなどの事情から、財産を差し押さえた経緯から、差押えの解除に応じないことが前提ではあるものの、一時に納付することができない者に対しては換価の猶予を措置している状況を鑑みれば、換価の猶予を適用すべき事情がある滞納者には、納付計画を立てさせて、財産の一部の差押えを解除することを許容せざるを得ない。

そのような措置は、例外的に認められるべきであるため、滞納者と面接して財産状況、収支状況を詳らかにした上で、納付計画を認め、事業資金又は生活資金に当たる財産を解除する。

第 3 章

納税の緩和措置

担保徴取の仕方

担保の徴取は、どのように行うのでしょうか。

A

1　共通の徴取手続

(1)　担保の徴取に当たっては、下記2に掲げる担保の種類に応じて提出を要する書面のほか、次に掲げる書類を併せて提出させる（通則法基本通達54-1）。

　イ　担保提供書

　ロ　第三者の所有財産を担保とする場合には、担保を提供することについてのその第三者の承諾の文言が記載されている担保提供書及びその第三者の印鑑証明書

　ハ　担保が法人又は制限行為能力者（民法第20条第1項に規定する制限行為能力者をいう。）の所有物である場合には、代表者、法定代理人（その代理行為が同法第826条の規定に該当するときは特別代理人）、保佐人若しくは補助人の資格を証する書面（商業登記簿謄本、戸籍謄本、保佐人等の登記事項証明書等）又は保佐人若しくは補助人がその担保の設定に同意した旨が記載された書面及びその代表者、法定代理人、保佐人又は補助人の印鑑証明書

　ニ　法人による保証（物上保証を含む。）が会社法第356条、第365条又は第595条の規定に該当する場合には、その提供等につき株主総会の承認、取締役会の承認又は社員の過半数の承認を受けたことを証する書面

ホ　担保及び関係書類を受領した場合には、担保物整理一覧表に記載し、その事績を明らかにしておくものとする。

2　担保の種類ごとの徴取手続

(1)　国債、地方債、社債及びその他の有価証券

　　納税者に、国債、地方債及びその他の有価証券を供託させ、その供託書正本を担保提供書に添付して提出させる（通則令16条1項本文）。

　　イ　振替国債の場合

　　　担保のための供託書（正副2通）を供託所に提出し、供託官から供託受理決定通知書の交付を受ける（供託規則13条3項、19条1項）。

　　ロ　振替株式等の場合

　　　納税者に、担保提供書を提出させ、手続依頼書を交付の上、次の手続を行わせる（通則令16条2項）。

　　　手続依頼書に必要事項を記載の上、税務署長等の名義の口座を管理する証券会社等の指定金融機関（以下「指定金融機関」という。）に送付し、指定金融機関内に納税者（又は物上保証人）名義の口座を開設する。

　　ハ　地方債及び税務署長が確実と認める社債その他の有価証券（振替株式等を除く。）

　　　担保のための供託書（正副2通）を供託所に提出し、供託官から供託を受理する旨が記載された供託書正本及び供託有価証券寄託書の交付を受ける（供託規則13条1項及び18条1項）。

(2)　土地、建物等及び鉄道財団等の財団

　　土地、建物等及び鉄道財団等の財団については、納税者に抵当権設定登記承諾書及び印鑑証明書等の必要書類を提出させ、税務署長において、不動産登記法、立木ニ関スル法律、船舶登記令及び工場抵当法等の関係法令に従い抵当権設定の登記等を関係機関に嘱託する（通則令16条3項）。

(3)　税務署長が確実と認める保証人の保証

　　保証人の作成した納税保証書を提出させる（通則令16条4項）。

　　なお、納税保証書には、保証人の印鑑証明書（法人による保証の場合には、代表者の資格を証する書面及び法人代表者印の印鑑証明書）を添付させる（通則法基本通達54－14））。

対策のポイント

　担保を徴するに当たっては、担保を提供した者に対し、延滞税（延滞金）を含んだ猶予税額の全額について保証するものであり、かつ保証期間を限定するものであることを十分に説明して納得を得るとともに、担保の提供が真実であることを確認したうえで、担保を徴する必要がある。

Q15 猶予取消しの要件

猶予許可をしていたのですが、取引先からの収入が途絶え、計画どおりの納税ができないとの申し出がありました。猶予を取り消さなければならないのでしょうか。

A --

納税者が次に掲げる場合のいずれかに該当するときは、それぞれに定めるところにより、猶予の取消し又は猶予期間を短縮することができる（通則法49条1項、徴収法152条3項、4項）。

(1) 繰上請求の事由のいずれかに該当する事実（通則法38条1項各号）がある場合において、納税者が猶予に係る国税を猶予期間内に完納することができないと認められるとき（通則法49条1項1号、徴収法152条3項、4項）。

(2) 納税の猶予許可通知書（納税の猶予期間延長許可通知書及び納税の猶予の納付計画変更通知書を含む。）又は換価の猶予（許可）通知書（換価の猶予期間延長（許可）通知書及び換価の猶予の納付計画変更通知書を含む。）により通知された分割納付金額をその分割納付期限までに納付しないとき（通則法49条1項2号、徴収法152条3項、4項）。この場合には、猶予を取り消すものとする。ただし、税務署長がやむを得ない理由があると認めるときには、猶予を取り消さないこととすることができる（通則法基本通達49-1）。

イ 猶予をした時において予見できなかった事実の発生により予定していた入金がなく、分割納付金額をその分割納付期限まで

38

に納付することができなかったとき。

ロ　猶予をした時において予見できなかった事実の発生により臨時の支出を行ったため、分割納付金額をその分割納付期限までに納付することができなかったとき。

ハ　分割納付期限までに納付することができなかった分割納付金額を、おおむね次回の分割納付期限までに納付することが可能であると認められるとき。

(3)　担保の変更等の命令に応じないとき（通則法49条１項３号）。

(4)　新たにその猶予に係る国税以外の国税を滞納したとき（通則法49条１号）。

(5)　偽りその他不正な手段により猶予の申請又は猶予期間の延長申請がされ、その申請に基づき猶予をし、又は猶予期間の延長をしたことが判明したとき（通則法49条１項５号）。

(6)　財産の状況その他の事情の変化によりその猶予を継続することが適当でないと認められるとき（通則法49条１項６号、通則法基本通達49－５）。

対策のポイント

　分割納付金額をその分割納付期限までに納付しない場合には、猶予を取り消すことになるが、やむを得ない理由があると認めるときには、猶予を取り消さないこととすることができる。そのため、やむを得ないと認めたときは、猶予期間を延長する分割納付期限と分割納付額を新たに申請させて、猶予期間延長を認める。一方、繰上請求事由が発生した場合には、猶予を取り消し、差押え、交付要求の措置をとる。

Q16 納税保証人からの徴収

納税の猶予等の担保として保証人がある場合、その保証人からどのような手続で徴収しますか。

A ---

　税務署長又は徴税機関の長は、納税の猶予（地方税の場合は徴収の猶予）又は換価の猶予をする場合には、猶予金額に相当する担保を徴さなければならない。猶予に係る租税が猶予期限までに納付されない場合や猶予を取り消した場合には、その担保として提供された財産を滞納処分の例により処分してその租税に充て、又は保証人にその租税を納付させる（通則法52条１項、地税法16条の５、１項）。

　したがって、納税保証を徴するに当たっては、保証人及び納税者に対し、延滞税（地方税は延滞金）を含んだ猶予税額の全額について保証するものであり、かつ、保証期間を限定するものでもないことを十分に説明して納得を得るとともに、納税保証書の記載上も、そのような趣旨であることについて争いが生ずる余地がないようにしておく必要がある。

　保証人にその租税を納付させる場合には、保証人に対して納付通知書による告知をしてその納付を求めなければならない（通則法52条２項、地税法16条の５、２項）。納付通知書には、納付させる金額、納付の期限、納付場所その他必要な事項を記載するが、この納付の期限は、当該通知書を発する日の翌日から起算して１月を経過する日としなければならない（通則令19条）。

　保証人が、その納付すべき金額の全額を、その納付通知書により

指定された期限までに納付しないときは、保証人に対して、納付通知書の納付期限後50日以内に納付催告書を発して督促し（通則法52条3項、地税法16条の5、3項）、その督促をした日から起算して10日を経過した日までに完納しない場合には、その保証人の財産につき滞納処分を行うことができる（通則法52条4項、地税法16条の5、4項）。

　なお、保証人の財産は、本来の納税者の財産を換価した後でなければ公売などの換価できない（通則法52条5項、地税法16条の5、5項）。

対策のポイント

　改正民法第458条の3（令和2年4月1日施行）は、①主たる債務者が期限の利益を喪失したときは、債権者は保証人に対し、その利益の喪失を知った時から2か月以内に、その旨を通知しなければならない、②当該期間内に当該通知をしなかったときは、債権者は、保証人に対し、主たる債務者が期限の利益を喪失した時から当該通知を現にするまでに生じた遅延損害金に係る保証債務の履行を請求することができないとされている。

　そのため、猶予を取り消し、又は猶予期間を短縮したときは、納税者のほか、保証人に対し、その旨を通知するものとしている（通則法基本通達49-7）。

延滞税・延滞金の免除

延滞税・延滞金の免除は、どのような場合に行うことができ
るのでしょうか。

A---

　延滞税・延滞金の免除は法令の規定にしたがって行われ、一般的
な規定として、国税通則法第63条、地方税法第15条の９、第20条の
９の５が挙げられる。

　延滞税の割合は、年14.6％（納期限までの期間又は納期限の翌日
から二月を経過する日までの期間については年7.3％）であるが
（通則法60条２項）、平成26年１月１日以降の期間に対応するものに
ついては、各年の特例基準割合が年7.3％の割合に満たない場合に
は、その年中においては、その特例基準割合＋１％の割合となる
（措置法94条１項）。

　また、次の延滞税免除制度についても、租税特別措置法において、
免除期間に対応する延滞税の額のうち、その延滞税の割合が特例基
準割合であるとした場合における延滞税の額を超える部分の金額を
免除することとされている。

(注)　最近の延滞税の割合

平成26年	9.2%	（二月以内 2.9%）	（猶予等 1.9%）
平成27年	9.1%	（ 2.8%）	（ 1.8%）
平成28年	9.1%	（ 2.8%）	（ 1.8%）
平成29年	9.0%	（ 2.7%）	（ 1.7%）
平成30年	8.9%	（ 2.6%）	（ 1.6%）
令和１年	8.9%	（ 2.6%）	（ 1.6%）
令和２年	8.9%	（ 2.6%）	（ 1.6%）
令和３年	8.8%	（ 2.5%）	（ 1.0%）

1　納税の猶予等の場合の延滞税の免除

イ　災害等による納税の猶予（通則法46条1項、2項1号、2号、5号該当で1号2号類似のもの、地税法15条1項1号、2号、5号該当で1号2号類似のもの）又は滞納処分の停止がされた場合には、その猶予等の期間に対応する延滞税が免除される。

ロ　事業廃止等による納税の猶予（通則法46条2項3号、4号5号該当で3号4号類似のもの、地税法15条1項3号、4号、5号該当で3号4号類似のもの）又は換価の猶予がされた場合には、その猶予期間（年14，6％により計算される期間に限られる。）に対応する延滞税の2分の1が免除される。

ハ　納税の猶予又は換価の猶予がされた場合で、次の事由があるときは、その猶予期間に対応する延滞税で納付困難と認められる部分の免除ができることになっている。

①　納税者の財産が著しく不良で、その事業の継続、生活の維持が著しく困難になると認められる場合で、地方税、公課又は債務についての軽減又は免除がされたとき。

②　納税者の事業又は生活の状況により延滞税の納付を困難とするやむを得ない理由があると認められるとき。

2　徴収の猶予があった場合の延滞税の免除

更正の請求があった税金につき徴収の猶予をした場合（通則法23条5項ただし書、地税法20条の9の3、5項ただし書）、その他国税に関する法律の規定により徴収の猶予をした場合には、その猶予期間に対応する延滞税の2分の1（年7.3％を超える部分に限る。）に相当する金額について免除される（通則法63条4項）。

3 充足差押え等の場合の延滞税の免除

滞納税金の全額を徴収するために必要な財産につき差押えをし又は担保を徴している場合には、その充足した差押え等がされている期間の延滞税の2分の1（年7.3%を超える部分に限る。）について免除することができる。

4 納期限の延長の場合の延滞税の免除

災害等により申告期限、納付又は徴収に関する期限が延長された場合には、その延長された期間の延滞税が免除される。

5 その他の免除

イ　納付委託があった場合に、納税者の責めに帰すべき事由によらないで、取り立てるべき日後に納付があったときは、その遅延した期間の延滞税の免除ができる。

ロ　納税貯蓄組合預金による納付の委託があった場合に、納税者の責めに帰すべき事由によらないで、その委託を受けた日後に納付があったときは、その遅延した期間の延滞税の免除ができる。

ハ　交付要求又は参加差押えにより交付を受けた金銭を滞納租税に充てたときは、執行機関が強制換価手続においてその金銭を受領した日の翌日から交付を受けた金銭を租税に充てた日までの期間に対応する延滞税を免除する。

対策のポイント 特例基準割合の引下げ

納税の猶予等の適用を受けた場合の延滞税の特例基準割合について、「国内銀行の貸出約定平均金利（新規・短期)」の年平均に上乗せされている年1%の割合が年0.5%の割合に引き下

げられた（措置法93条 2 項、94条 2 項、95条）。

　令和 3 年 1 月 1 日以後の期間に対応する延滞税について適用される（改正法附則111条 1 項）。

〈参考〉

延滞税・利子税・還付加算金について

○ 市中金利の実勢等を踏まえ、事業者等の負担を軽減する等の観点から、延滞税等の水準について引き下げを実施。（平成25年度改正・令和2年度改正）
○ 令和3年1月1日以降の期間に対応する延滞税率等については以下のとおり。

		内　容	本　則	特例【令和2年分以前】(※1)	令和2年分 [貸出約定平均金利 0.6%](※1)	特　例【令和3年分以降】(※2)	令和3年分 [平均貸付割合0.5%](※2)
延　滞　税		法定納期限を徒過し履行遅滞となったものに課されるもの	14.6%	特例基準割合 ＋ 7.3%（引取割合を低率）	8.9%	延滞税特例基準割合 ＋ 7.3%（引取割合を低率）	8.8%
	2ヶ月以内等	納期限後2ヶ月以内等については、早期納付を促す観点から、より低い利率	7.3%	特例基準割合 ＋ 1%（引取割合を低率）	2.6%	延滞税特例基準割合 ＋ 1%（引取割合を低率）	2.5%
	納税の猶予等	事業廃止等による納税者の猶予の場合には、納税者の納付能力の減退といった状態に配慮し、軽減　災害・病気等の場合には、全額免除	2分の1免除（7.3%）	特例基準割合（※1）	1.6%	猶予特例基準割合（※2）	1.0%
利　子　税（主なもの）		所得税法・相続税法の規定による延納等、一定の手続を踏んだ納税者に課されるもの	7.3%	特例基準割合（※1）	1.6%	利子税特例基準割合（※2）	1.0%
還付加算金		国から納税者への還付金等に付される利息	7.3%	特例基準割合（※1）	1.6%	還付加算金特例基準割合（※2）	1.0%

※1　平成26年1月1日から令和2年12月31日の間における「特例基準割合」は、「貸出約定平均金利」＋1%である。「貸出約定平均金利」は、日本銀行が公表する前々年10月〜前年9月における「国内銀行の貸出約定平均金利（新規・短期）」の平均による。
※2　令和3年1月1日以降において、延滞税特例基準割合、利子税特例基準割合、還付加算金特例基準割合は、平均貸付割合＋1%、猶予特例基準割合は、平均貸付割合＋0.5%である。平均貸付割合は、財務大臣が告示する割合。日本銀行が公表する「国内銀行の貸出約定平均金利（新規・短期）」の平均による。

46

納税緩和制度

税金の納付に関する緩和制度には、どのようなものがあるでしょうか。

A--

　租税は、その納期限までに納付しなければならず、納期限を経過すると強制徴収の手続をとるのが原則であるが、租税の性質、納税者の事情等によって納税を強制することが適当でないときは、納税の緩和措置がとられることになる。この緩和の制度としては、①納期限そのものの延長及び②納期限の延長に類似する延納があるほか、納期限は変更しないで強制徴収手続を緩和するいわゆる徴収の緩和措置として、③租税の履行を猶予する納税の猶予、④納税の猶予に類似するが、暫定的な履行の猶予にその特色がある徴収の猶予、⑤滞納処分による財産の換価を猶予する換価の猶予、⑥滞納処分の執行を停止し、最終的には納税義務の消滅につながる滞納処分の停止がある。また、⑦不服申立てに伴う滞納処分の続行の停止又は差押えの猶予も、徴収の緩和措置の一種といえる。これらのほか、納付委託が実質的に緩和措置の効果をもつ場合がある。

1　納期限の延長

　納期限の延長は、文字どおり租税の履行期限を延長するもので、納期限が変更されることになる。この納期限の延長は、いわゆる納税の緩和手続の一種であって、延滞税（又は延滞金）が免除される場合がある（なお、法定納期限の延長に伴う納期限の延長の場合には、この免除の問題は生じない。）。

納期限が延長される場合としては、①災害等による「期限の延長」として納期限が延長される場合、②特定の租税について担保を提供して納期限が延長される場合（酒税法30条の6、34条、揮発油税法13条、石油ガス税法20条、石油石炭税法18条）、③災害等による法人税の確定申告書の提出期限の延長に伴い納期限が延長される場合（法人税法75条、75条の2）等がある。

　災害等による期限の延長は、各税法に基づく申告、申請、請求、届出その他書類の提出、納付又は徴収に関する期限までに、その書類の提出や納付ができない場合に、その理由がやんだ日から2か月以内に限り、これらの期限が延長される（通則法11条、地税法20条の5の2）。

2　延納

　延納は、租税の履行期限を繰り延べるもので、実質的には納期限の延長に類似するが、法定納期限の変更がない等の点において差異がある（延長期間については、利子税（地方税は延滞金）が課される）。この延納も、納期限の延長とともに納税の緩和手続の一種である。

　延納の主要なものとしては、①確定申告にかかる所得税の延納（5月31日までの2か月半。所得税法131条）、②延払条件付譲渡にかかる所得税の延納（5年以内。所得税法132条）、③相続税の延納（相続財産の種類によって20年以内又は5年以内。相続税法38条1項）、④贈与税の延納（5年以内。相続税法38条3項）、がある。

3　納税の猶予

　納税の猶予は、納税者が災害その他の事由又は賦課の遅延に基づき、納期限までに租税債務の履行が困難となった場合において、そ

の納税者からの申請により、その履行を緩和する制度である（通則法46条、地税法15条）。

　納税の猶予は、①災害により損失を受けた場合の猶予、②災害・廃業等により納付困難な場合の猶予、③課税が遅延した場合の猶予に区分することができる。地方税法では、徴収の猶予と呼称し、②及び③に対応する猶予について地方税法第15条に同様の規定がある。

4　換価の猶予

　滞納者が納税につき誠実な意思を有し、①その財産を直ちに換価することによりその事業の継続又は生活の維持を困難にするおそれがあるときか、又は②その財産の換価を猶予することが、直ちに換価をすることに比して、滞納租税及び近い将来において納付すべき租税の徴収上有利であるときか、のいずれかに該当すると認められるときは、滞納者の税金につき、1年以内の換価の猶予ができる（徴収法151条1項本文、地税法15条の5第1項本文）。

　また、滞納者がその租税を一時に納付することにより、その事業継続又は生活の維持が困難となるおそれがある場合において、その者が納税についてその租税の納期限から6月以内に換価の猶予の申請がされたときは、1年以内の期間を限って滞納処分による換価を猶予することができる。要件は、①租税を一時に納付することによりその事業の継続又は生活の維持を困難にするおそれがあること、②申請以外の租税の滞納がないことである（徴収法151条の2、地税法15条の6）。

5　滞納処分の停止

　滞納者につき、①滞納処分を執行することができる財産がないとき、②滞納処分を執行することによってその生活を著しく窮迫させ

るおそれがあるとき、③その所在及び滞納処分を執行することができる財産がともに不明であるとき、のいずれか一の事実があると認めるときは、税務署長等は滞納処分の執行を停止することができる（徴収法153条1項、地税法15条の7）。

　滞納処分の停止が3年間継続したときは、納税義務が消滅する。

6　不服申立てに伴う滞納処分の続行停止

　不服申立てに伴う租税徴収の緩和措置としては、①徴収の猶予、②滞納処分の続行の停止、③差押えの猶予（差押えをしないこと又は差押えの解除）、④行政不服審査法による執行停止がある（通則法105条、地税法19条の7第2項、審査法25条）。

　国税については、不服申立審理庁が、必要があると認めたときは、不服申立人の申立てにより、又は職権で、不服申立ての目的となった処分に係る国税（その全部又は一部）の徴収の猶予又は滞納処分の続行の停止がされる（通則法105条2項、4項）。なお、地方税については、この徴収の猶予及び滞納処分の続行の停止の規定がない。

対策のポイント

　納期限内に納税できない申出があった場合には、まず、納期限の延長や納税の猶予の申請、換価の猶予の申請について、説明する。次に、納税の誠意があると認めるときは、換価の猶予を決議することになる。さらに、納税者の資力喪失、無財産が認められた場合には、滞納処分の停止を決議することになる。

　猶予を許可し、決議をするためには、前提として猶予調査を実施することが肝要である。

Q19　納税の猶予申請

納税者の個別的事情により納税ができない場合の、納税の猶予の申請とはどのような制度ですか。

A

通常の納税の猶予は、納税者に通則法第46条第2項各号のいずれかに該当する事実（以下「猶予該当事実」という。）があり、その該当する事実に基づき、納税者がその納付すべき租税を一時に納付することができないと認められる場合において、その納付困難な金額を限度として、納税者の申請に基づき、1年の範囲内で納税を猶予するものである。地方税法では、租税の納税の猶予に相当するものを、徴収の猶予という用語で規定している（地税法15条）。

1　要件

通常の納税の猶予を認めることができるのは、次に掲げる要件の全てに該当する場合である（通則法46条2項、5項、地税法15条1項、16条）。

① 納税者に猶予該当事実があること。

② 猶予該当事実に基づき、納税者がその納付すべき租税を一時に納付することができないと認められること。

③ 納税者から納税の猶予の申請書が提出されていること。

④ 相当な損失を受けた場合の納税の猶予の適用を受ける場合でないこと。

⑤ 原則として、納税の猶予の申請に係る租税の額に相当する担保の提供があること。

2 猶予該当事実

「猶予該当事実」とは、次に掲げる事実に該当するものであって、その事実が納税者の責めに帰することができないやむを得ない理由により生じたものに限られる（通則法基本通達46－8－2）。

イ　納税者がその財産につき、震災、風水害、落雷、火災その他の災害を受け、又は盗難にかかったこと（通則法46条2項1号）。

ロ　納税者又はその者と生計を一にする親族が病気にかかり、又は負傷したこと（通則法46条2項2号）。

ハ　納税者がその事業を廃止し、又は休止したこと（通則法46条2項3号）。

事業を廃止し、又は休止したとは、法令の規定又は業績の著しい悪化等のやむを得ない理由により、事業の全部又は一部を廃止（転業したものを含む。）又は休止したことをいう（通則法基本通達46－11）。

ニ　納税者がその事業につき著しい損失を受けたこと（通則法46条2項4号）。

事業につき著しい損失を受けた」とは、調査日以前1年間の損益計算において、調査期間の直前の1年間の税引前当期純利益の額の2分の1を超えて税引前当期純損失が生じていると認められる場合をいう（通則法基本通達46－11－2）。

ホ　納税者に災害、盗難又は病気、負傷に類する事実があったこと（通則法46条2項5号（1号又は2号に類するもの））。

ヘ　納税者に事業の休廃止又は事業上の著しい損失に類する事実があったこと（通則法46条2項5号（3号又は4号に類するもの））。

2　猶予が認められると

① 原則として1年間納税が猶予される。（状況に応じて更に1年間猶予される場合がある。）

② 猶予期間中の延滞税が軽減される。

　(イ)　通則法第46条第1項又は第2項第1号、第2号若しくは第5号（同項第1号又は第2号に該当する事実に類する事実に係る部分に限る。）の規定による納税の猶予をした場合……災害等による納税の猶予に係る国税の延滞税のうち、免除対象期間に対応する部分の金額の全額

　(ロ)　通則法第46条第2項第3号、第4号若しくは第5号（同項第3号又は第4号に該当する事実に類する事実に係る部分に限る。）の規定による納税の猶予をした場合……猶予に係る国税の延滞税のうち、免除対象期間に対応する部分の金額の2分の1に相当する金額（租税特別措置法第94条第2項の規定に該当する場合には、免除対象期間に対応する部分の延滞税の金額のうち、当該延滞税の割合が特例基準割合であるとした場合における当該延滞税の額を超える部分の金額）が免除される。

　　　令和2年度税制改正において、猶予特例基準割合が新設され、上記の平均貸付割合に0.5%の割合を加算した割合をいうこととされ、令和3年1月1日から施行される猶予特例基準割合は1.0%となる。

③ 財産の差押えや換価（売却）が猶予される。

対策のポイント

　納税の猶予該当事実がない場合でも、換価の猶予を申請できる場合があり、換価の猶予を申請する期間が経過して猶予を申請できない場合でも、職権で換価の猶予を決議できる場合がある。

　したがって、一時に納税できない場合には、納税者の視点に立って、その申出の内容を十分に聴取し、納税についての誠実な意思を有していると認められる場合などについては、換価の猶予等の活用を図るよう配意する。

賦課遅延による納税の猶予

課税が遅延したため、納税できる資金がありません。その場合に認められる納税の猶予措置はどのようなものですか。

A --

1　猶予の要件

(1)　猶予該当事実

次の猶予該当事実があること

①　法定申告期限（課税標準申告書については提出期限。

課税標準申告書の提出を要しない賦課課税方式の租税は、納税義務の成立の日）から1年以上経ってから納付すべき税額が確定したこと（通則法46条3項1号、2号、地税法15条2項）

②　法定納期限(随時に課する地方税については、その地方税を課することができることとなった日)から1年以上経ってから税額が確定したこと（通則法46条3項3号、地税法15条2項）

(2)　納付困難

上記(1)の猶予該当事実のため、納税者がその納付すべき国税を一時に納付することができないこと

(3)　納税者からの申請

納税者は納税の猶予申請書を提出しなければならない（通則法46条3項、地税法15条2項）。

なお、猶予申請書は、その猶予の申請を受けようとする租税

の納期限内に提出しなければならないが、やむを得ない理由がある場合には、納期限後においても提出が認められる（通則法46条3項、地税法15条2項）。

2　猶予する金額

上記1の(1)に掲げる猶予該当事実がある場合は、その確定手続等により納付すべき税額のうち一時に納付することができないと認められる金額を限度として納税の猶予をすることができる（通則法46条3項、地税法15条2項）。この一時に納付できないと認められる金額は、納付能力を調査して判定する。

3　猶予する期間

納税の猶予ができる期間は、原則として、その国税の納期限の翌日から起算して1年以内である（通則法46条3項、地税法15条2項）。

個々の納税者に対する具体的な猶予期間は、将来における納付能力を調査し、1年を限度として、納税者の財産の状況その他の事情からみて、その猶予に係る国税を完納することができると認められる最短の期間である。納税者の将来における納付能力に応じ、猶予金額を財産の状況その他の事情からみて合理的かつ妥当なものに分割して納付させることができる（通則法46条4項）。この猶予期間内に、やむを得ない理由により猶予金額を納付できないと認められるときは、納税者の申請により猶予期間を延長することができる。ただし、延長できる期間は、既に認めた猶予期間と合わせて2年を超えることができない（通則法46条7項、地税法15条4項）。

4　猶予に伴う担保

不履行の場合における徴収を確保するため、猶予金額が100万円以下の場合、猶予期間が3月以内の場合又は担保を徴することがで

きない特別の事情がある場合を除き、猶予金額に相当する担保を提供させなければならない（通則法46条５項、地税法16条）。

対策のポイント

　猶予申請書は、その猶予の申請を受けようとする租税の納期限内に提出しなければならないことから、租税の修正申告書を提出するときには、必ず納税の相談をさせる体制を作り、猶予の申請をさせるように努める。

　随時に課する地方税の納付通知書を送付する場合には、納期限前から納税者に対し、納税の相談をすることに留意する。

Q21 一時に納付できない場合の換価の猶予申請

一時に納付することができない場合、猶予の申請をすること
ができますか。

A --

租税を一時に納付することができない場合、税務署長等に申請す
ることにより、次の要件のすべてに該当するときは、原則として1
年以内の期間に限り、猶予が認められる（徴収法151条の2、1項、
地税法15条の6、1項）。

滞納者が申請による換価の猶予を受けようとするときは、所要の
事項を記載した換価の猶予申請書に所定の書類を添付し、これを税
務署長等に提出しなければならない（徴収法151条の2、1項、3
項、徴収令53条1項、2項）。

1　要件

① 租税を一時に納付することにより、事業の継続又は生活の維
持を困難にするおそれがあると認められること。

② 納税について誠実な意思を有すると認められること。

③ 猶予を受けようとする租税以外の租税の滞納がないこと。

④ 納付すべき租税の納期限から6か月以内に申請書が提出され
ていること。

（注）　既に滞納がある場合や滞納となってから6月を超える場合であ
っても、職権による換価の猶予（徴収法151条）が受けられる場
合がある。

2　猶予が認められると

①　原則として1年間納税が猶予される。(状況に応じて更に1年間猶予される場合がある。)

②　猶予期間中の延滞税が軽減される。

　　猶予に係る国税の延滞税のうち、免除対象期間に対応する部分の金額の2分の1に相当する金額(租税特別措置法第94条第2項の規定に該当する場合には、免除対象期間に対応する部分の延滞税の金額のうち、当該延滞税の割合が特例基準割合であるとした場合における当該延滞税の額を超える部分の金額)が免除される。

③　財産の差押えや換価(売却)が猶予される。

対策のポイント

　　猶予特例基準割合が新設されたことにより、猶予申請をして許可された場合には、猶予期間に当たる延滞税の割合は1.0%となることから積極的に換価の猶予制度を適用する。

　　特例基準割合とは、各年の前々年の10月から前年の9月までの各月における銀行の新規の短期貸出約定平均金利の合計を12で除して得た割合として各年の前年の12月15日までに財務大臣が告示する割合に、年1.0%の割合を加算した割合をいう(措置法93条2項)。

　　令和2年度税制改正において、猶予特例基準割合が新設され、上記の平均貸付割合に0.5%の割合を加算した割合をいうこととされ、令和3年1月1日から施行される猶予特例基準割合は1.0%となる。

また、通則法第63条第１項の規定により免除すべき金額が納付された場合には、過誤納金として還付することに留意する。

第 4 章

財産の調査

財産調査の方法

> 滞納者の財産の調査は、どのように行えばよいのでしょうか。

A

1　財産調査の目的

　財産調査のうち最も重要なものは、滞納処分の対象となる財産を発見する目的のために行うものである。そして、この調査の要領は、第二次納税義務を課する場合の徴収不足の判定、保証人の資力、換価の猶予をする場合における納付能力等の調査、滞納処分の停止をする場合の無財産の判定等の調査をする場合にも、応用することができる。

　財産発見のための調査をする場合において与えられる条件は、個々の調査対象により千差万別であり、また、財産調査の段階において当初から滞納者に帰属する財産を発見することができる場合は稀であり、その多くは財産発見の端緒となる記録等の発見にとどまるのが通常である。したがって、滞納者に帰属する財産のあることの間接資料となる会計諸帳簿その他の記録等の外的表徴について子細に検討を加え、次に、これらの外的表徴を基としていくつかの想定事実を構成するとともに、次の段階における調査を講じなければならない。たとえば、預金取引において、取引先とみられる会社からの入金記録が発見された場合には、取引の状況、売掛金の有無等の調査を必要とし、あるいは、公表外の預貯金が発見された場合には、滞納者に帰属するのかどうかの調査が必要となる。

　そして、財産調査により滞納者に帰属すると認められる財産を把

握することができた場合には、その帰属の真実性を担保するため——ひいては、後日紛争が生じた場合の証拠の保全のため——にその実証を必要とする。この場合における実証は、滞納者の供述、提出資料によるほか、銀行預金であれば、印鑑簿の収集によって、帰属を認定しなければならない。

2　財産調査の手順

⑴　まず、滞納者の納税申告書などの課税資料を調査し、滞納者の概ねの営業状況、納付資力、財産状況、取引銀行、取引先等を把握する。

⑵　市町村役場や法務局などの官公庁から、住民登録や不動産登記などの各情報を調査することができる。市町村役場や法務局などに登記（登録）された滞納者名義の財産を「公簿上財産」という。

⑶　滞納者の居宅や事務所に臨場し、納付計画等を聴取するほか、公募上財産以外の財産（動産、有価証券、売掛金などの債権、遠隔地に所有する不動産、他人名義となっている財産など）の状況を調査する。

⑷　さらに、必要に応じて、滞納者の近隣者、取引先、取引銀行などに臨場し、あるいは文書で照会して、既に把握した財産を確認するとともに、新たな財産発見の端緒を求める。

3　財産発見の端緒

財産発見の端緒となるものとして、会計諸帳簿、証票書類、メモ等のほか、官公署、取引先、金融機関等の調査によって得られる資料などが考えられる。また、滞納者から生計、又は事業の状況を聴取できず、資料の提出を拒否された場合には、捜索による強制的財

産調査権を行使して、財産又は財産に繋がる端緒を得る必要がある。

(1)　会計諸帳簿の調査

　　会計諸帳簿の調査にあたっては、各勘定科目別の調査が最も直接的で有効である。

　　各勘定科目別の調査による財産発見の端緒は、個々の取引の真実性、計上額の正否及びその内容についての検討により得られる場合が多い。たとえば、①証票書類と突合の結果、営業外収益の計上漏れのあることを端緒として公表外の借名預金（他人名義の預金）を発見した事例、②受取利息の計上を端緒として貸付金を発見した事例、③旅費、交通費の支出を端緒として滞納者に帰属する不動産（滞納者の出張先の不動産）を発見した事例、④運送費を端緒として取引先に対する売掛金を発見した事例、⑤支払利息の計上を端緒として差入担保を発見した事例、⑥修繕費の計上を端緒として取引先に賃貸中の動産を発見した事例等がある。

　　また、課税所得金額についての調査方法は、財産調査の場合に応用すれば、滞納者の財産の存否の推定や、公表外の借名預金等の財産発見の端緒として役立つものと思われる。

(2)　証票書類等の調査

　　会計諸帳簿を作成していない場合には、会計諸帳簿の調査はできないが、財産発見の端緒は、いわゆる原資料である証票書類、メモ等の物件によっても把握できるものであり、より直接的・効果的であるといえる。したがって、会計諸帳簿がある場合でも、これらの調査の併用を考慮することが望ましい。

　　会計諸帳簿以外の財産発見の端緒となるものとしては、預金

債権その他各種債権に関する書類、ゴルフ会員権等の預り証、各種取引の契約書、取引先に関するメモ、他人名義の印章、カレンダーの会社名等数多くあり、これらの物件については、より深い調査を必要とする。たとえば、①運送会社の領収書を端緒として取引先に対する売掛金を発見した事例、②所有権留保の形式による自動車販売店に対する代金支払のための手形を端緒として銀行預金を発見した事例、③ホワイトボードのメモを端緒として未収工事請負代金債権を発見した事例、④他人名義の印章や金融機関からの景品を端緒として公表外の銀行預金を発見した事例、⑤荷札の名宛人を端緒として取引先の売掛金を発見した事例等がある。

(3) 官公署における調査

　　官公署における調査は、財産調査として欠くことのできない調査の一つである。この調査にあたっては、登記（又は登録）の名義等から直接的に滞納者に帰属する財産の発見に努めるほか、滞納者の親族その他特殊関係者が登記名義人となっている場合についても十分に注意する必要があり、また、登記簿等の調査にあたっては、甲区欄ばかりでなく乙区欄についての権利変動の状況も検討することが必要である。この官公署における調査により、たとえば、①滞納者の妻名義で取得した不動産のあることを端緒として、契約当事者、売買代金の授受、資金の出所等を追求し、その不動産が実際は滞納者に帰属するものであることが判明した事例、②滞納者から売買を原因として所有権を取得した者のあることを端緒として、その登記名義人に対する調査により通謀虚偽表示であることが判明した事例、③滞

66

納者の不動産に抵当権の設定があることを端緒として、共同担
保目録の調査により滞納者に帰属する他の不動産を発見した事
例等がある。

イ　市・区役所、市町村役場　　土地名寄帳、家屋名寄帳、家
　屋調査票、固定資産課税台帳、償却資産申告書、軽自動車税
　課税台帳

ロ　法務局　　土地登記簿、建物登記簿、立木登記簿、船舶登
　記簿、建設機械登記簿、工場財団登記簿その他の財団登記簿、
　工場財団目録綴、共同担保目録綴込帳、不動産登記申請書綴
　込帳、不動産閉鎖登記簿、商業登記簿、商業登記申請書綴込
　帳、商業閉鎖登記簿、供託課備付帳簿

ハ　陸運支局（又は自動車検査登録事務所）　　自動車登録フ
　ァイル

ニ　特許庁　　特許原簿、実用新案原簿、意匠原簿、商標原簿

ホ　文化庁　　著作権登録簿

4　金融機関の調査

(1)　現在の経済機構のもとにおいては、金融機関の調査は、財産
　調査の重要な地位を占めるものである。徴収職員又は徴税吏員
　は、いわゆる普遍的・一般的な調査はすべきでない。

　　なお、金融機関の調査にあたる徴収職員又は徴税吏員は、そ
　の所属する税務署長又は徴税機関の長の承認を証する「金融機
　関の預金等の調査証」をその金融機関に呈示する実務取扱いが
　されている。

(2)　金融機関の調査にあたっては、まず滞納者の取引金融機関を
　知る必要があるが、その調査も困難な場合が多い。一般的には、

滞納者の親族その他特殊関係者と取引のある金融機関、カレンダー等に表示されている金融機関、滞納者の住所又は事務所の近隣の金融機関、滞納者と金融機関の職員等とが親近関係にある場合の当該金融機関が取引金融機関である例が多い。

なお、取引金融機関のうち、たとえば、①金融機関から借入金があるのに定期性預金がないか又は定期性預金の額が借入金の額よりも異常に少ない場合、②借入金の利率が、異常に低い場合、③手形貸付等を受けている金融機関に預金口座がない場合、④当座貸越契約がある金融機関に定期性預金がない場合、⑤滞納者の親族その他特殊関係者等と取引のある金融機関に滞納者の預金口座がない場合等における当該金融機関から、滞納者の借名預金（他人名義の預金）が発見される例がある。

(3) 金融機関の調査を行うに際しては、滞納者の氏名、商号、予想される者（親族・従業員等）の氏名、滞納者が管理している他人名の印章等により調査対象を選定するのが通常である。そして、滞納者に帰属する各種の預金債権の有無、差入担保の有無、借入金の有無等を調査することになる。

調査対象の帳簿類は、おおむね、①預金の印鑑票又は印鑑簿、②預金の元帳、③預金の入出金伝票、振替伝票④当座勘定約定書、当座勘定借越約定書、手形取引約定書、商業手形割引約定書、抵当権等の担保権設定約定書等各種の約定書、⑤稟議書、⑥担保差入証、⑦貸金庫借用申込書等である。これらの帳簿類について、滞納者保管の使途不明の印章の印影との照合、不審な入出金の年月日及び金額との照合等の調査を行うが、その結果、たとえば、①印鑑簿にある印影により他人名義預金を発見

した事例、②普通預金からの振替入金の追及により他人名義の定期預金を発見した事例、③普通預金よりの振替入金の追求により他人名義の定期預金を発見した事例、④賃貸稟議書の調査により滞納者に帰属する不動産を発見した事例、⑤貸金庫借用申込書の記載内容の調査により貸金庫借用の事実が判明し、貸金庫の捜索により貴金属を発見した事例等がある。

対策のポイント

　督促状の発付前後に、滞納者から納付計画等を告げられて、そのまま、納付書を送付する事実上の猶予によって、完納に至る事例が多いことから、財産調査のチャンスを失う場合がある。

　事実上の猶予については、履行監視を徹底して2回以上の不履行を認めたときには、直ちに財産調査に着手して差押えなどにより強制的に税金を徴収しなければならない。そのため、上記2の(1)記載の財産状況、取引銀行、取引先を把握しておく必要がある。

Q23 給与照会の対応拒否と差押え

給与の支給額等について、雇用主に照会文書を送付したのですが、滞納者に辞められては困るので給与照会に回答しないばかりか、差押えを受けた給与の納付にも協力したくないとの回答がありました。どのように対応したらよいでしょうか。

A

雇用主がこの給与の支給状況に関する照会文書に対し回答すると、次のステップとして従業員の給与差押えが行われることが当然に想定される。

給与照会は、国税徴収法第141条の規定に基づいて行われる任意調査であり、これに応じるかどうかは雇用主の意思次第であるが、回答しない場合は、罰則（徴収法188条、地税法333条、375条等）が適用される場合があることから、回答をしていただくように要請するしかないと思われる。

また、雇用主に照会文書を送付すると、滞納者（従業員）が来庁して納税相談に応じ、給与の差押えをしなくても納付計画を提出して納税について真剣に考えることもあり、その場合には、納税緩和措置を講じることになる。しかしながら、滞納者に納税の誠意が認められない場合には、原則どおり、給与の差押えをせざるを得ない。

なお、給与の差押えには、給与支給金額を特定して差し押さえる必要がないため、照会文書の回答がなくとも差押えをすることができることに留意すべきである。

対策のポイント

　給与の差押えは、滞納者ばかりではなく、雇用主が差押えに係る金額を計算のうえ、租税を納付していかなければならないことから、滞納者と雇用主との話合いが欠かせないと思われる。

　また、毎月の給与に変動があり、雇用主が差押えに係る金額を計算する手間を省きたいとか、従業員の側にも業務に必要な経費を認めて欲しいなどの要請から法律に定められた差押禁止額による取立てによることなく、一定額の差押金額としたい申し出がある。そのような場合には、従業員から定額の給与差押金額とする旨の承諾書を徴して、差押金額を定額として改めて差し押さえる取扱いも行われている。

　なお、住民税の徴収方法として、普通徴収とされたために給与差押えとなっている場合には、雇用主に特別徴収を求め、滞納の未然防止手段をとることも肝要だと思われる。

Q24 **徴収職員による捜索**

差し押さえるべき財産を発見するため、滞納者の住居等の内部を調査したいと思いますが、どのようにしたらよいでしょうか。

A

1 捜索の相手方

捜索の相手方となる者は、①滞納者、②滞納者の財産を所持する第三者がその引渡しをしないときは、その第三者、③滞納者の親族その他の特殊関係者が滞納者の財産を所持すると認めるに足りる相当の理由がある場合においてその引渡をしないときは、その者、である（徴収法142条1項、2項）。

2 捜索できる物と場所

捜索は、捜索の相手方となる者（1参照）の物又は住居その他の場所につき行うことができる（徴収法142条1項、2項）。この捜索できる場所には、捜索の相手方が使用し、又は使用していると認められる住居、事務所、倉庫等の建物のほか、間借り、宿泊中の旅館の部屋がある。また、建物の敷地のほか、船車の類で通常人が使用し、又は物が蔵置される場所もこれに該当する。

捜索ができる「物」には、捜索の相手方となる者が使用し、若しくは使用していると認められる金庫、貸金庫、たんす、書箱、かばん、戸棚、長持、封筒等がある（徴収法基本通達142-5）。貸金庫の内容物について、判例は、銀行に対して金庫の内容物全体を引き渡すよう求める利用者の一括引渡請求権を差し押さえる方法により、

強制執行をすることができるとしている（最高裁平成11年11月29日
判決・民集53巻 8 号1926頁）。

3　金庫の開扉等の措置

　徴収職員は、捜索に際して必要があるときは、閉鎖してある戸、
金庫その他の容器の類を、滞納者若しくは第三者に開かせ、又は徴
収職員が自らこれを開くため必要な処分（施錠の除去等）をするこ
とができる（徴収法142条 3 項）。後者の徴収職員が自ら必要な処分
をする場合は、滞納者又は第三者が徴収職員等の開扉の求めに応じ
ないとき、不在のとき等やむを得ない場合に限るべきである（徴収
法基本通達142－ 7 ただし書参照）。

対策のポイント

　滞納者の親族その他の特殊関係者が滞納者の財産を所持する
と認めるに足りる相当の理由がある場合においてその引渡をし
ないときは、その者の住居、事務所、倉庫等の建物を捜索する
ことができる。相当の理由がある場合とは、滞納者の陳述、帳
簿書類の調査、伝聞調査等により、財産を所持すると認められ
る場合等をいうことから（徴収法基本通達142－ 4 ）、滞納者の
財産調査を徹底した後に財産を捜すことに留意する。

立会人不在の場合の捜索

> 捜索の直接の相手方である滞納者や第三者本人が不在の場合でも、捜索をすることができるのでしょうか。

A --

　捜索をするときは、次により立会人を置かなければならない（徴収法144条）。

1　原則的な立会人

　捜索の立会人は、原則的には、①捜索を受ける滞納者若しくは第三者又は②その同居の親族若しくは使用人その他の従業者で相当のわきまえのあるもの、である。

　　イ　滞納者が法人の場合の立会人　　立会人となるべき滞納者又は第三者が法人であるときは、その法人を代表する権限を有する個人（自然人）を立ち会わせることになる。

　　ロ　相当のわきまえのある者　　捜索を受ける者の同居親族（生計を一にするかどうかを問わない）その他の従業者で「相当のわきまえのあるもの」とは、捜索の立会いについての事理を弁識することのできる相当の能力を有すると認められる者をいい、成年に達した者であることを要しない。

2　例外的な立会人

　原則的立会人が不在である場合又は立会いに応じない場合には、①成年に達した者2人以上又は②市町村の吏員もしくは警察官、を立会人とすることになる。

　　イ　地方公共団体の職員　　平成29年改正において「市町村長の

74

補助機関である職員」を「地方公共団体の職員」とする改正が
行われた。捜索する場所の属する区域を所轄する市町村又は都
道府県の職員をいう。

ロ　警察官　　警察官の範囲については、特別の制限はないが、
なるべく捜索をする場所を管轄する警察署の警察官とする実務
取扱いがされている（徴収法基本通達144-7）。

対策のポイント

　捜索には捜索の相手方本人を立ち会わせるのが原則となるか
ら、事前に同人の在所状況を把握した上で、実施日時を決定す
る必要がある。万一、捜索の相手方本人が不在の場合には、同
居の親族等立会人の資格のある者に面会し、立会いを要請する
が、同人が立会いを拒否し、あるいは不在である場合には、例
外的な立会人の立会いにより捜索することも可能とされている
が、緊急の必要がない限り、直ちにそのような形で捜索を行う
ことは相当でなく、捜索の相手方本人と連絡をとったうえで、
同人自身の立会いを求めるか、親族等の立会いによる捜索の実
施について応諾を得るように努める。

　やむを得ず、例外的立会人を求める場合を想定して、事前に
市町村の吏員もしくは警察官に立会いを要請しておく必要があ
る。

Q26 **鍵のかかっている金庫の捜索**

　捜索をしているときに、鍵のかかっている金庫があった場合、どのように対処すればよいでしょうか。

A---

　徴収職員は、捜索に際して必要があるときは、滞納者若しくは第三者に戸若しくは金庫その他の容器の類を開かせ、又は自らこれらを開くため必要な処分をすることができる（徴収法142条3項）。ただし、徴収職員が自ら開くのは、滞納者等捜索の相手方が徴収職員の開扉の求めに応じないとき、不在のとき等やむを得ないときに限るものとして取り扱われている（徴収法基本通達142-7）。

　したがって、住居や事務所の捜索の際に鍵のかかった金庫等を発見し、その金庫等を捜索する必要があるときは、まず、捜索の相手方に対してその金庫等を開くように求めるべきであり、同人が応じない場合や捜索の相手方が不在で他の第三者を立会人として捜索している場合には、徴収職員が自らそれを開くために必要な処分をすることができる。そして、この必要な処分には、鍵の除去が含まれるが、そのための器物の損壊等は必要最小限度にとどめるよう配慮すべきものとされ、また、この除去の作業は、必要に応じて第三者にさせることができると解されているので（徴収法基本通達142-8）、通常は、専門の鍵業者に依頼して開錠することになる。

対策のポイント
　捜索をする場合には、捜索の相手方の立会いを求めて金庫の

鍵を開かせるようにすべきである。よって、相手方が不在の場合でも、相手方に連絡をとって、金庫の鍵を捜して開扉するか、相手方が鍵を持って外出している場合には、相手方に捜索場所に戻るようにさせて、金庫を開かせるようにする。

　なぜなら、鍵の除去のため金庫が損壊しても金庫から差押えをすべき財産が発見されない場合も想定されるからである。

Q27 日没となった場合の捜索の続行

> 捜索を実施している間に日没となった場合、捜索を続行することができますか

A---

　捜索は、日没後から日出前まではすることができない（徴収法143条1項本文）。ただし、次の二つの例外がある。

　なお、日出・日没とは、太陽面の最上点が地平線上に見える時刻を標準とするものであって、その地方の暦の日の出入をいう（徴収法基本通達143−1）。しかし、この時間は必ずしも明確とはいえないから、実務上は、強制執行の場合（民事執行法8条1項）に準じて、午後7時から翌日の午前7時までは捜索しないのが妥当である。

イ　日没前に着手した捜索の続行　　日没前に着手した捜索は、日没後までも継続することができる（徴収法143条1項ただし書）。これは、日没前に着手した捜索は、これを継続して滞納者及びその親族その他の特殊関係者の住居の平穏を妨げることも少ないし、いったん捜索を打ち切るとすれば、捜索により発見した財産の隠蔽等が図られて、差し押さえることができなくなるおそれがあるからである。

ロ　旅館等の夜間の捜索　　旅館その他夜間でも公衆が出入することができる場所（飲食店、バー、キャバレー、映画館、演劇場等）については、滞納処分の執行のためやむを得ない必要があると認めるに足りる相当の理由があるときは、日没後でもその公開した時間内は、捜索することができる（徴収法143条2項）。夜間

でも公衆が出入りすることができる場所としては、上記のほか、バー、キャバレー、映画館、演劇場その他の興業場がある（徴収法基本通達142－4）。相当の理由とは、例えば、捜索の相手が夜間だけ自宅又は営業し、あるいは、財産が夜間だけ蔵置されている等の事情が明らかである場合、又は滞納者が海外に出国することが前日に判明した場合等をいう（徴収法基本通達142－5）。また、公開されている時間内とは、営業時間内に限られず、現実に営業のために公開されている時間内をいう（徴収法基本通達142－6）。

対策のポイント

　飲食店等の捜索に当たっては、営業時間を鑑み、開店時刻前までに捜索を終わらせる配慮をする。レジの現金を差し押さえる場合には、つり銭を除いた金額を差し押さえる。

　また、店舗売上は、事業主が自宅で管理することを想定して、事業主を立会人として自宅で現金監査を行う。

Q28 住居や事務所以外の場所についての捜索

滞納者の財産等を発見するための捜索は、住居や事務所以外の場所についてもできますか。

A --

1 徴収職員は、滞納処分のため必要がある場合には、滞納者又は一定の第三者の物又は住居その他の場所につき捜索をすることができる（徴収法142条1項、2項）。

　捜索ができるのは、「滞納処分のため必要がある」場合である（徴収法142条1項、2項）。すなわち、財産差押えだけでなく、差押財産の引揚げ・見積価額の設定等、広く滞納処分のため必要がある場合に捜索をすることができる。

　捜索できる「場所」には、捜索の相手方が使用し、又は使用していると認められる住居、事務所、倉庫等の建物のほか、間借り、宿泊中の旅館の部屋がある。また、建物の敷地のほか、船車の類で通常人が使用し、又は物が蔵置される場所もこれに該当する。

　捜索ができる「物」には、捜索の相手方となる者が使用し、若しくは使用していると認められる金庫、貸金庫、たんす、書箱、かばん、戸棚、長持、封筒等がある（徴収法基本通達142−5）。

2 滞納者の親族その他の特殊関係者の物又は住居その他の場所については、滞納者の陳述、伝聞等によってその者が滞納者の財産を所持していると認められる場合には、捜索することができる。これらの者は、滞納者の財産を保管して滞納処分の執行を免れることを助ける例が多いからである。

　さらに、その他の第三者の物又は住居その他の場所についても、その者が滞納者の財産を所持しているか又は所持していることが確実である場合には、捜索することができる。

対策のポイント

　捜索の目的には、滞納者の親族その他の特殊関係者との債権債務や、複数の店舗、事務所がある事業者について、それぞれの営業状態を明確にすることを目指す場合がある。その場合には、入念な事前調査により発見すべき目的物を明確にしたうえで、捜索従事者全員に周知し、捜索時に見落とすことのないようにしなければならない。また、同居親族や従業員に立会いを求めて捜索を開始しても、財産や財産自体の所在や帰属を示す証拠資料等の発見に至らない場合には、滞納者本人に直接連絡を取った上で、同人自身の立会いを求めるか、親族等の捜索の立会いによる捜索実施について応諾を得るように努め、債権証書を取り上げ、証拠資料として重要な書類についてはコピーするか借用する。

第 5 章

滞納処分の効力

滞納者死亡後になされた差押えの効力

滞納処分により滞納者の財産を差し押さえたところ、差押えの前に滞納者が死亡していたことが判明しました。この差押えの効力はどうなるのでしょうか。

A

1　相続開始前の差押えの効力

相続人は、その相続開始の時から被相続人の財産に属した一切の権利義務を承継するので（民法896条）、滞納者の財産を差し押さえた後にその滞納者につき相続が開始された場合にはその滞納者の相続人は、差押えにより権利が制限されている財産を承継することになる。そこで、国税徴収法第139条第1項では、被相続人である滞納者に対してした差押えの効力が相続人につき存続し、その差押えに基づいてその後の滞納処分手続を続行することができると規定している。したがって、その差押えのやり直しをする必要はなく、その相続人を相手として、その後の換価等の処分を続行することができる。

2　相続開始後の滞納者の死亡を知らないで行った差押えの効力

滞納処分による差押えをしたときにおいて、その滞納者につき既に相続が開始されていた場合には、差押えの効力は生じないのが原則である。しかし、滞納者の死亡後、その滞納者の租税につき滞納者名義の財産に対してした差押えは、相続人に対してされたものとみなされるため（徴収法139条2項）、差押えの効力は失われない。

3　相続があった場合の書類の送達

　相続があった場合には、被相続人の租税の納税義務は相続人に承継され、その相続人が滞納処分の相手方すなわち滞納者となる。したがって、被相続人の租税につき滞納処分を執行したときの書類の送達は、相続人それぞれに行う。

　なお、滞納者の死亡後、その者の名義でした滞納処分に関する書類の送達は、相手方が死亡しているから意思表示を到達させることができないので、その効力は生じない。

　しかし、その者の死亡を知らないで、その相続人の一人に書類が、送達された場合には、すべての相続人に対して送達されたとみなされるので（通則法13条4項）、有効に送達されたものとなる。

対策のポイント

　相続が開始した場合には、租税債権の時効管理の立場から相続人に納税義務を承継させて、滞納処分を続行させる。被相続人の租税につきその相続人の財産を差し押さえる場合には、滞納処分の執行に支障のない限り、まず、相続財産を差し押さえるように努めなければならない（徴収法51条1項）。

Q30 合併があった場合の滞納処分の効力

　滞納者の財産について滞納処分を執行した後、滞納者である法人が合併により消滅したときは、その財産に対する滞納処分は合併法人に及びますか。

A

　合併後存続する法人（人格のない社団等を含む。）又は合併によって設立した法人は、合併によって消滅した法人の権利義務を承継するから（会社法750条、752条、754条、756条）、滞納者である法人の財産について滞納処分を執行した後、その法人が合併により消滅したときは、相続の場合と同様にその財産に対する滞納処分の効力は合併後存続した法人又は合併により設立された法人につき存続する（徴収法139条1項）。

対策のポイント

　合併後存続する法人若しくは合併により設立した法人又は分割により事業を承継した法人を名宛人として執行した滞納処分の効力は、その合併又は分割を無効とする判決の確定により、その滞納処分の対象である財産が属することとなる法人に及ぶ（会社法843条2項、徴収法基本通達139－4－2）。

Q31 信託の受託者の変更等があった場合の滞納処分の効力

信託の受託者の任務が終了した場合において、新たな受託者が就任するに至るまでの間に信託財産に属する財産について滞納処分を執行した後、新たな受託者が就任したときは、その財産について滞納処分を続行することができますか？

A---

信託とは、特定の者に対する財産の譲渡等により、特定の者が一定の目的に従い財産の管理又は処分及びその他の当該目的の達成のために必要な行為を行うことをいう（信託法２条１項）。

信託財産に属する財産に対する滞納処分が執行された後に、受託者の変更に伴い新受託者が就任したとき、又は受託者である法人の分割により分割承継人が受託者としての権利義務を承継したときは、その財産について滞納処分を続行することができる（徴収法139条３項、４項）。平成19年度の税制改正により、信託税制の整備に伴い、所要の整備が行われたものである。

(1) 信託の受託者の任務が終了した場合

信託の受託者の任務が終了した場合において、その任務終了までに既に信託財産に属する財産について執行した滞納処分、及びその任務終了後から新たな受託者の就任までの間に信託財産に属する財産について任務の終了した受託者を名宛人として執行した滞納処分の効力は、別段の手続をとることなく、当然に新受託者に及ぶ（徴収法139条３項、徴収法基本通達139－７、信託法75条８項）。

(2)　信託の受託者である法人が分割した場合

　　信託財産に属する財産について滞納処分を執行した後、信託の受託者である法人としての権利義務を承継する分割が行われる場合は、その分割前の受託者である法人を名宛人として執行した滞納処分の効力は、別段の手続をとることなく、当然に受託者としての権利義務を承継した分割承継法人にも及ぶ（徴収法139条4項、徴収法基本通達139−8）。

対策のポイント

　　信託の受託者についても、死亡、破産、解散、辞任等により任務が終了し（信託法56条1項）、新たな受託者が就任した場合には、前受託者の信託に関する権利義務は新受託者に承継されることから（同法75条1項、2項）、このような受託者の変更により信託に関する権利義務が承継された場合には、前受託者の負う信託財産責任負担債務とある租税の納付義務も、新受託者が承継することとされている（通則法7条の2第1項）。

仮差押え執行財産への差押え

仮差押えの執行されている財産について差押えを行うことは
できますか。

A --

1 仮差押えの効力

仮差押えのされている財産についても、滞納処分による差押えを
することができるばかりでなく、その後の滞納処分（換価等）を進
めることも妨げられない。この場合における仮差押の効力は、滞納
処分による差押えによって直ちに消滅するわけではないが、滞納処
分による換価がされたときは、その仮差押えは失効する。

不動産についていえば、滞納処分により換価された場合には仮差
押えの登記は抹消され、買受人は、仮差押えの登記がない不動産を
取得する。

なお、仮差押えがされた財産を差し押さえたときは、保全執行裁
判所又は執行官にその旨を通知しなければならない（徴収法55条1
項、3項）。

民事執行法による仮差押えと滞納処分とが競合するときは、滞調
法の適用がある。そこでは、滞納処分による換価・配当の場合に、
残余金を仮差押えの執行官又は執行裁判所へ交付すること、滞納処
分による差押えを解除する場合に、その動産を執行官に引き渡すこ
と等の手続が定められている（滞調法28条、6条1項、34条1項、
18条2項等）。

2　仮差押えを受けた財産の差押え

　仮差押えの目的となっている財産に対する滞納処分による差押えの手続は、一般の滞納処分による差押えと異ならないが、次に留意する必要がある。

(イ)　仮差押えを受けている動産又は有価証券を差し押さえた場合において、執行官による仮差押えの旨の封印その他の表示がしてあるときはそれらの表示は破棄しない（徴収法基本通達140－4参照）。

(ロ)　仮差押えとの関係で供託された金銭については、執行官が占有するものと同視され、執行官が取戻請求権を有する。したがって、執行官に対し、当該供託金に係る金銭の引渡しの請求をし（徴収法58条）、執行官が当該供託金の払戻しを受けたときに、その払い戻された金銭を差し押さえることができる（徴収法基本通達140－5参照）。

対策のポイント

　仮差押えとは、金銭債権を有する債権者が債務名義を取得して強制執行に着手するまでの間に、債務者が財産を隠匿し、あるいは消費することなどにより、債務名義を得ても執行が不能となることを予防するために、一時的に債務者の財産を確保する制度である。国税徴収法第129条では、強制執行に係る債権については、配当をしないため、残余金を執行官又は執行裁判所へ交付する。

仮差押解放金の差押え

滞納者が供託した仮差押解放金を差し押さえることができますか。

A --

仮差押解放金とは、仮差押えの執行停止のため、又は既に執行した仮差押えの取消しのため、仮差押債務者が仮差押命令の決定書の記載に従い供託した金銭をいい（民事保全法22条）、仮差押債務者の有する供託金の取戻請求権に仮差押えの執行の効力が及ぶことになる。

そこで、仮差押解放金として滞納者が供託した金銭がある場合は、滞納者の有する供託金取戻請求権を差し押さえることができる。民事保全法第27条の規定により仮差押えの取消しのための保証として金銭又は有価証券が供託されているときも、滞納者の有する供託物の取戻請求権を差し押さえることができる。

第三債務者が仮差押えの執行がされた金銭債権の額に相当する金銭を供託した場合において、民事保全法第50条第3項の規定により仮差押解放金を供託したとみなされるので、滞納者の有する供託金還付請求権を差し押さえることができる（徴収法基本通達140－7）。

上記の供託金取戻請求権又は供託金還付請求権を差し押さえたときは、直ちに供託金の払渡しの請求をすることができる（徴収法基本通達140－8）。

なお、この払渡しの請求をする場合にあっては、仮差押解放金の供託書正本は、執行裁判所において保管しない取扱いであり、債権

差押通知書は供託所に送付済であるから、供託金払渡請求書に正本を添付することを要しない。

対策のポイント

　取立てについては、滞納処分と仮差押えとでは常に滞納処分が優先するから、直ちに供託金の払渡請求が可能となる（平成 2 年11月13日付民 4 第5002号法務省民事局長通達）。

仮処分執行財産への差押え

仮処分の執行がされている財産について差押えを行うことができますか。

A --

　仮処分のされている財産についても、滞納処分による差押えをすることができ（徴収法140条）、その差押えによっては仮処分が消滅しないことは、仮差押えの場合と同様である。また、仮処分後の滞納処分の差押えは、仮処分債権者に対抗することができないため、差し押さえた財産の換価は、仮処分の被保全権利の内容等に応じて次により行う（民事保全法58条１項、徴収法基本通達140−13〜20参照）。

(1)　**不動産の所有権についての登記請求権を保全するための処分禁止の仮処分**

　　滞納処分による差押えは仮処分債権者による所有権に係る登記に対抗することができないことから（民事保全法58条１項、２項）、差押財産の換価は、本案の帰趨が定まるまでの間は行わないこととしている。

　　これは、この仮処分がされた不動産の滞納処分により換価した後に、仮処分権利者が本案訴訟で勝訴した場合には、滞納処分の不動産ではなく仮処分権利者の不動産を公売したことになり、公売の買受人は所有権を失うからである。

⑵　不動産の所有権以外の権利の移転又は消滅についての登記請
　求権を保全するための処分禁止の仮処分

　　仮処分債権者が登記をしても、滞納処分による差押えの効力
　を失わない（民事保全法58条 1 項）。ただし、差押財産の換価
　は、不動産を仮処分の負担付で換価する場合等を除き、本案の
　帰趨が定まるまでの間は行わない（徴収法基本通達89－ 9 、
　124－ 6 ）。これは、仮処分権利者が勝訴した場合には差押不動
　産は用益物権のついた不動産となり、一方、仮処分権利者が敗
　訴した場合には差押不動産は用益物権のついていない不動産で
　あることになるが、仮処分権利者が提案中の本案訴訟の結果が
　出るまでには、そのいずれであるかが判明せず、差押不動産の
　見積価額及び売却条件が定まらないからである。

⑶　不動産の所有権以外の権利の保存、設定又は変更についての
　登記請求権を保全するための処分禁止の仮処分

　　仮処分債権者が登記をしても、滞納処分による差押えは効力
　を失わない（民事保全法58条 1 項）。この場合、①仮処分が担
　保権の保存、設定又は変更についての処分禁止の仮処分である
　ときは換価を行うことができる（徴収法133条 3 項、徴収令50
　条 4 項）。②仮処分が不動産の使用又は収益をする権利の保存、
　設定又は変更についての処分禁止の仮処分であるときは、本案
　の帰趨が定まるまでの間は、その権利の有無及び内容が定まら
　ないため、換価を行わないこととしている。

⑷　不動産に関する権利以外の権利についての登記又は登録請求
　権を保全するための処分禁止の仮処分

　　不動産に関する権利以外の権利で、その処分の制限につき登

記又は登録を対抗要件又は効力発生要件とするものについては、前記(1)から(3)までに掲げるところに準じる（民事保全法54条、61条）。

(5) その他の財産に対する処分禁止の仮処分

その他の財産で登記又は登録を対抗要件又は効力発生要件とするもの以外の財産については前記(1)から(3)までに掲げるところに準じる。

(6) 物の引渡し又は明渡しの請求権を保全するための占有移転禁止の仮処分

仮処分債権者が、債務名義に基づき物の引渡し又は明渡しの強制執行をしても、滞納処分による差押えは効力を失わない（民事保全法58条、62条）。ただし、仮処分債権者は、債務名義に基づき仮処分がされたことを知ってその者を占有した者に対し、その者の引渡し又は明渡しの強制執行をすることができるため、差押財産の換価は、本案の帰趨が定まるまでの間は行わないことにしている（民事保全法62条）。

(7) 建物収去土地明渡請求権を保全するための建物の処分禁止の仮処分

仮処分債権者は、差押登記の抹消を請求することはできないが、債務名義に基づき建物の収去及びその敷地の明渡しの強制執行を行うことができる（民事保全法64条）。

したがって、仮処分債権者は、債務名義に基づいて処分禁止の登記がされた後に建物を譲り受けた者（滞納処分による換価の買受人）に対し、建物の収去及びその敷地の明渡しの強制執行を行うことができるため、差押財産の換価は、本案の帰趨が

定まるまでの間は行わないこととしている（民事保全法64条）。

(8)　その他係争物に係る仮処分

　　　仮処分債権者が、債務名義に基づき強制執行をしても、滞納処分による差押えは効力を失わない。ただし、仮処分の効力は、滞納処分による換価によって消滅しないため、差押財産の換価は、本案の帰趨が定まるまでの間は行わないことにしている（民事保全法64条）。

対策のポイント

　　仮処分の効力については、国税徴収法第140条との関係で滞納処分優位説と仮処分優位説の対立があったが、民事保全法において仮処分優位説の立場により立法的解決が図られた。

　　したがって、当該差押えに基づく換価については、仮処分の被保全権利の内容に応じて本文(1)から(8)に定めるところであるが、本案の帰趨が定まるまでの間は行わないことに留意する。

Q35 仮処分解放金の差押え

滞納者が原告となって第三者と不動産の所有権を争っている訴訟に関して、滞納者の申し立てた処分禁止の仮処分に対し、その第三者が仮処分解放金を供託していることが判明した。この仮処分解放金に対して滞納処分による差押えをすることができるでしょうか。

A

仮処分解放金とは、仮処分の執行の停止を得るため、又は既にした仮処分の執行の取消しを得るために債務者が供託すべき金銭又はその額をいう（民事保全法25条）。具体的には、①所有権留保付売買契約の解除により目的物の引渡請求権、②金銭債務不履行による譲渡担保の目的物の引渡請求権、③詐害行為取消権による抹消登記請求権等）に限って定めることができる。

(1) 一般の仮処分に基づく仮処分解放金の差押え

一般の仮処分に基づく仮処分解放金が供託された場合には、仮処分債権者が滞納者であるときは供託金還付請求権を、仮処分債務者が滞納者であるときは供託金取戻請求権を、それぞれ差し押さえる。

設問の場合は、滞納者が仮処分債権者で、供託金の還付請求権を有しているから、この還付請求権の差押えを行うことができる。

供託金還付請求権差押えの場合、①仮処分債権者の本案訴訟の勝訴が確定したとき、②勝訴判決と同一内容の和解又は調停が成立したとき、供託所に対して供託金の払渡しを請求することがで

きる。供託金取戻請求権差押えの場合、①仮処分の本案判決の確定前に仮処分の申立てが取り下げられたとき、②仮処分債権者の本案訴訟の敗訴が確定したとき、供託所に対して供託金の払渡しを請求することができる。

(2)　特殊型仮処分解放金の差押え

　詐害行為取消権を保全するための仮処分に基づく仮処分解放金が供託された場合には、民法第424条第1項の債務者が滞納者であるときは供託金還付請求権（民事保全法第65条）を、仮処分債務者が滞納者であるときは供託金取戻請求権を、それぞれ差し押さえる。

対策のポイント

　特殊型仮処分解放金が供託された場合に、滞納者が仮処分債権者であるときは、供託金還付請求権を有しないので差押えはできない。

第 6 章

財産の差押え（通則）

Q36　差押財産の範囲

> 滞納処分による差押えの対象となる財産は、どのような財産
> ですか。

A--

　滞納処分等により差し押さえることができる財産は、差押えをしようとする時において、①徴収法等の効力が及ぶ地域内に所在すること（財産の所在については、相続税法第10条に定めるところに準ずる。徴収法基本通達47－6なお書）、②滞納者に帰属すること、③金銭的価値を有していること、④換価性があること、⑤差押禁止財産でないこと、のすべての要件に該当していることが必要である。

　相続税法第10条（財産の所在）の主なものは次のとおりである。

　イ　動産若しくは不動産又は不動産の上に存する権利については、その動産又は不動産の所在地

　ロ　債権については、第三債務者の住所又は居所

　ハ　船舶又は航空機については、船籍又は航空機の登録をした機関の所在地

　ニ　特許権、実用新案権、意匠権等若しくはこれらの実施権で登録されているもの又は商標権については、その登録をした機関の所在地

　なお、滞納者に帰属する財産かどうか等が問題とされることが多いが、㋑将来の権利や条件付の権利も差押えの対象になるし、㋺実質的に第三者に譲渡されている財産であっても、その対抗要件（登記等）を欠いているときは、滞納者の財産として差押えの対象にな

るのが原則であり、また、㈥詐害行為によって第三者に帰属している財産は、一定の手続に従ってそれを取り戻したうえで、差し押さえることができ、㈦取消し又は解除できる法律行為によって第三者に帰属している財産は、その法律行為の取消し又は解除をしたうえで、滞納者の財産として差し押さえることができる。

対策のポイント

　債権については、滞納者が国内に居住していないときでも、第三債務者が国内にいるときは、国内にあるものとして差押えをすることができると解される。

　また、第三債務者の本店又は主たる事務所が国内にない場合であっても、その債権の契約に係る事務を取り扱う営業所又は事業所が国内にある場合は、営業所等に債権差押通知書を送達することによって被差押債権の履行を禁止し、弁済期において、営業所等から被差押債権を取り立てることができるため、その債権を差し押さえることができる。例えば、国内に支店がある銀行預金を差し押さえることは可能である。

差押えの手続

> 滞納処分による差押えは、どのような手続で行うのですか。

A

1　財産の区分と差押手続

　徴収法では、財産を区分して、①動産・有価証券、②債権（電子記録債権を含む。）、③不動産、④船舶・航空機、⑤自動車・建設機械又は小型船舶、⑥無体財産権等のうち第三債務者等がないもの、⑦無体財産権等のうち第三債務者等があるもの（振替社債等を含む。）、の7つとし、それぞれの差押手続が定められている。

　差押えの手続は、差押えの効力を発生させるための手続——差押えの方法——と差押えに伴う諸手続とに分けることができる。

　なお、財産に共通の手続としては、①差押調書の作成、②質権者等の利害関係人への差押通知があるほか、③差押えの効力が差押財産の保険金等に及んでいることを保険者等に対抗するための差押えの通知がある。

2　差押調書の作成とその謄本の交付

　徴収職員は、滞納者の財産を差し押さえたときは、差押調書を作成しなければならない（徴収法54条）。なお、参加差押えが差押えに転換した場合には、あらためて差押調書を作成する必要はない。

　財産の差押えをした場合——したがって差押調書を作成した場合——で、その差押財産が①動産・有価証券、②債権、③第三債務者等がある無体財産権等又は振替社債等であるときは、徴収職員は、差押調書の謄本を滞納者に交付しなければならない（徴収法54条）。

なお、差押調書の記載、謄本の交付等について、次の特例がある。

イ　捜索をした場合　捜索をしたうえで、財産の差押えをした場合には、徴収職員は、捜索調書を作成しないで、差押調書に徴収法第142条の規定により捜索した旨、その日時及び場所を記載し、捜索の立会人の署名押印を求めることとされている（徴収令21条2項）。この場合においては、捜索の相手方である第三者及び立会人に、差押調書の謄本を交付しなければならない（徴収法146条3項後段）。

ロ　差押財産を搬出した場合　財産を差し押さえるとともにそれを搬出した場合には、徴収職員は、搬出調書の作成に代えて、差押調書に差押財産を搬出した旨を付記することができる（徴収令26条の2第2項）。この場合においては、滞納者のほか、その財産を占有していた第三者にも、差押調書の謄本を交付しなければならない（徴収令26条の2第一）。

ハ　証書類の取上げをした場合　財産の差押えをするとともにその証書類の取上げをした場合（徴収法65条、73条5項）には、徴収職員は、取上調書の作成に代えて、差押調書に取り上げた証書の名称その他必要な事項を付記することができる（徴収令28条2項）。この場合においては、差押調書の謄本を滞納者その他取上処分を受けた者に交付しなければならない（同条1項）。

ニ　債権差押えの場合　債権を差し押さえた場合には、差押調書の謄本に、滞納者に対して徴収法第62条第2項の規定によりその債権の取立てその他の処分を禁ずる旨を付記しなければならない（徴収令21条3項）。

3　質権者等に対する差押えの通知

　次に掲げる財産を差し押さえた場合には、税務署長等は、それぞれ次に掲げる者のうち知れている者に対して所定の事項を記載した書面（様式第三号参照）により、財産を差し押さえた旨その他必要な事項を通知しなければならないのが原則である（徴収法55条）。

①　質権、抵当権、特定の先取特権（徴収法19条１項及び20条１項の先取特権）、留置権、賃借権その他の第三者の権利（右の特定の先取特権に該当しない先取特権を除く。徴収法50条１項）の目的となっている財産……これらの権利を有する者

②　仮登記がある財産……仮登記（又は仮登録）の権利者

③　仮差押え又は仮処分がされている財産……仮差押え又は仮処分をした保全執行裁判所又は執行官

イ　差押通知書を交付しない場合　　質権者等に対する差押えの通知については、Ⓐその通知を受けるべき者が占有する動産又は有価証券を差し押さえた場合には、──差押通知書ではなく──差押調書の謄本を交付することにより行うことができる（徴収令22条１項ただし書）。また、Ⓑ捜索を伴う差押えによって差押調書謄本の交付を受けた者に対しては、右の差押の通知をする必要がない（徴収令22条２項）。

ロ　知れている者とその調査　　差押通知を要する「知れている者」とは、税務署長等に現実に知れている者をいい、知り得べき者ではない。税務署長等は、通常の手続に従って差押等の手続を進め、それによって知った者の範囲において差押通知をすれば足り、知るための特別の調査を要しないものと解される。

ハ　通知方法　　上記①及び②に掲げる権利者に対する差押通知

書は、実務上は、登記法（又は登録法）に登録されている住所又は居所宛てに送付することとして差し支えないとされている（徴収法基本通達55―3）。

対策のポイント

国税徴収法第55条の通知は、これらの者に滞納処分が開始されたことを了知させ、特に差押えに係る租税に優先する権利者及び差押換えを請求できる第三者に対してその権利行使の機会を与えることを目的とするものである。よって、通知しなければならないと規定されている。

差押財産の帰属認定

> 財産が滞納者に帰属するかどうかの判定は、どのようにすれ
> ばよいですか。

A--

　差押対象財産は、滞納者に帰属する財産でなければならないが、ある財産が滞納者に帰属するかどうかは、一般的には、その外観によって判断する。しかし、その外観にかかわらず、滞納者に帰属する財産は差押えの対象になるから、その面の調査も必要である。

1　一般的な帰属認定

　滞納者に帰属する財産であるかどうかは、一般的には、次に掲げる事項を基礎として判断する——他に特別の事実がない限り、滞納者の財産と判断する——ことになる。

　イ　動産・有価証券　　滞納者が所持していること（民法168条参照）。ただし、他人に帰属することが明らかなもの（例えば、取立委任裏書又は質入裏書により滞納者が所持する手形・小切手）は除く。なお、株券発行会社（その株式に係る株券を発行する旨の定款の定めがある株式会社）の株式の譲渡は株券の交付により行われるから（会社法126条1項）、その名義よりもその占有を重視することになる（会社法131条1項）。

　ロ　登記（又は登録）された不動産、船舶、建設機械、自動車、航空機、電話加入権、地上権、鉱業権及び特許権その他の無体財産権等　　滞納者名義で登記されていること。なお、鉱業権及び特許権等の無体財産権等のように登録が効力要件となって

いるものがある。

ハ　未登記の不動産所有権その他の不動産に関する権利　　その
占有の事実、家屋補充課税台帳（又は家屋台帳）、土地補充課
税台帳（又は土地台帳）、その他帳簿書類の記載等により、滞
納者に帰属すると認められること。

ニ　債権　　借用証書、預金通帳、売掛帳その他取引関係帳簿書
類等及び第三債務者の調査により、滞納者に帰属すると認めら
れること。電子記録債権については、記録原簿の記録名義が滞
納者であること（電子記録債権法９条）。

2　外観上第三者に帰属する財産

動産等の所持、不動産等の登記名義等が滞納者以外の者になって
いれば、外観的には一応滞納者に帰属しないとみられるが、その場
合でも、帳簿書類、当事者の陳述等を総合して実体的な権利者が滞
納者と判断できる場合がある。

なお、登記（又は登録）の制度のある財産については、その名義
が滞納者のものでなければ差押えの登記ができないから、その
前提手続として、登記を滞納者名義に変更する必要がある。

財産の登記名義等が第三者のものとなっている場合の形態として
は、①滞納者が売買その他により財産を取得しているが、その登記
等を変更していない場合（又はその変更をしてはいるが、それを他
人名義にする等の作為をしている場合）、②実質はなんらの処分も
していないにかかわらず、登記名義等を第三者に変更している場合、
③虚偽表示（民法94条）その他無効な法律行為に基づいて、登記名
義等が第三者に移転している場合がある。

なお、外観及び実質とも第三者に帰属する財産であっても、その

財産の移転——滞納者から第三者への移転——が、㋑詐害行為に該当する場合、㋺取消又は解除できる法律行為に基づく場合には、一定の手続に従って、差押えの対象にできる。

(注)　虚偽表示との関係　自己の意思に基づき他人名義の仮装登記を作出せしめた建物の真の所有者は民法第94条第2項の類推適用により、当該建物の所有権が移転していないことを善意の第三者である差押処分庁に対抗することができない（東京高裁昭和58年10月31日判決・行集34巻10号1879頁）。また、不動産の所有者が、知らない間に虚偽の所有権移転登記がなされたことを後日知りながら、そのことを明示又は黙示に承認していた場合には、民法第94条第2項が類推適用され、その所有者は、虚偽登記の名義人に対する滞納処分として差し押さえた税務署長に対抗できない（最高裁昭和62年1月20日判決・訟月33巻9号2234頁）。

対策のポイント

　滞納者から提出された帳簿等の検査により、又は財産調査によって、名義にとらわれることなく、滞納者に帰属する財産を認定し、差押えを行う。

Q39 差押えの時期

督促状を発してから長期間経過した場合、催告をすることなく差押えをすることができますか。

A --

督促状を発した日から起算して10日を経過した日までに、滞納者が、その督促に係る租税を完納しないときは、差押えをしなければならないこととされている（徴収法47条1項）。

督促が原則として差押えの前提手続とされているが、その「督促状を発付してから相当の期間を経過して差押えを行う場合には、行政措置として滞納者に対し事前に催告をした後、差押えを行うこととするのが適当である」（答申第四の一の1）と考えられるところから、督促後6月以上を経て差押えをする場合には、あらかじめ、催告をする実務取扱いがされている（徴収法基本通達47−18）。

ただし、この取扱いは、あくまでも行政上の取扱いであることから、これに反して差押えを行ったとしても差押えが違法となるものではない。

対策のポイント

督促状を送付後、納税に誠意を示さない滞納者に対しては、差押えをしなければならない。ただし、個々の納税者の実情を把握したうえで事前に催告した後、差し押さえる。

Q40 差押えの効力

滞納処分による差押えの効力には、どのようなものがありますか。

A--

差押えには、差押制度の目的から、差押財産の処分禁止の効力があると解される。この処分禁止の効力は、差押財産の種類に応じ、処分行為の類型に応じて、相殺の禁止、差押財産の使用収益の制限等、より具体的に把握することができる。

1 処分禁止の効力

イ 相対的処分禁止 差押えは、滞納者の特定の財産について法律上又は事実上の処分を禁止する効力を有する。しかし、この処分禁止は、差押債権者との関係における相対的な効力にとどまり、絶対的な処分禁止ではない。したがって、たとえば、差押不動産について、滞納者が第三者に譲渡した場合、その譲渡をもって差押債権者に対抗することはできないが、当事者間では有効な譲渡である。

ロ 不利益処分の禁止 差押により禁止される処分は、差押債権者にとって不利益を及ぼすものに限られる。したがって、たとえば、差押財産についての賃貸借契約の解除、差押財産の改良等差押債権者に不利益とならない処分は禁止されないと解される。

2 時効の完成猶予及び更新の効力

滞納処分による差押えが行われると、差押えがされている間はそ

の差押えに係る税金の時効の完成が猶予され、差押えが終了したときから新たに時効が進行する（通則法72条3項、民法148条1項、2項）。

3 果実・従物に対する効力

差押えの効力は、①差押財産の天然果実には、原則としてその効力が及び、②法定果実には、原則としてその効力が及ばない（徴収法52条）。また、③主物を差し押さえたときは、その差押えの効力は従物に及ぶと解される（民法87条）。

⑴ 天然果実

差押えの効力は、差押財産から生ずる天然果実（民法88条1項）に及ぶのが原則である（徴収法52条1項）が、次に述べる例外がある。

イ 果実の帰属者との関係　天然果実に対して差押えの効力が及ぶのは、それが滞納者に帰属する場合に限られる。したがって、法律（民法356条参照）又は契約（賃貸借契約等）によって第三者に帰属する果実には及ばないし、また、未分離のまま元物とは別個に譲渡された果実（対抗要件として、明認行為を必要とする）にも、差押えの効力が及ばない。

ロ 差押財産の使用収益との関係　差押財産につき滞納者又は第三者の使用収益が認められている場合には、元物差押えの効力は天然果実に及ばないが、その差押財産の換価による権利移転の時までに収取されない天然果実には差押えの効力が及ぶ（徴収法52条1項ただし書）。

⑵ 法定果実

差押えの効力は、差押財産から生ずる法定果実には及ばないのが

原則である（徴収法52条2項）。法定果実は、元物の使用の対価として収取される金銭その他の物、たとえば、家賃、地代、利息等である（民法88条2項）が、そのうちの利息（遅延利息も含まれる。）については、債権差押をした場合の差押えの効力が及ぶこととされている（徴収法52条2項ただし書）。

(注)　利息制限法による利息との関係　金銭を目的とする消費貸借上の利息の契約は、その利息が一定の利率により計算した金額を超えるときは、その超過部分は無効となるから（利息制限法1条）、その部分の支払を請求することはできない（徴収法基本通達52−18）。なお、契約成立の際に第三債務者が利息として上記の超過部分の金額を前払いしても元本に充てたものとみなされ（利息制限法2条）、また、第三債務者から超過分の任意の支払を受けたときは、その超過部分は、残存元本に充当され（民法491条）、元本充当の結果、計算上元利合計を超える部分の金額については、第三債務者は、民法の規定するところにより、債権者（滞納者）に対し、不当利得の返還を請求することができる（最高裁昭和39年11月18日判決・民集18巻9号1868頁、最高裁昭和43年11月13日判決・民集22巻12号2526頁、最高裁昭和44年11月25日判決・民集23巻11号2137頁）。任意の支払とは、第三債務者が利息の契約に基づく利息の支払に充当されることを認識したうえ、自己の自由な意思によってこれを支払ったことをいい、第三債務者において、その支払った金銭の額が利息の制限額を超えていること、又は当該超過部分の契約が無効であることまで認識していることを要しない（最高裁平成2年1月22日判決・民集44巻1号332頁）。また、期限の利益喪失特約の下で、第三債務者が、利息として、利息の制限額を超える額の金銭を支払った場合には、特段の事情のない限り、第三債務者が自己の自由な意思によって制限超過部分を支払ったものということはできない（最高裁平成18年1月13日判決・民集60巻1号1頁）。

4　保険金等に対する効力

　差押財産が損害保険又は共済の目的となっている場合には、差押えの効力は、その保険金又は共済金を受ける権利に及ぶ（徴収法53

条1項)。いわば、差押えについて物上代位的な効力が認められているわけである。そして、このこととの関連から、その保険金等の権利に対して物上代位の効力（民法304条等）を有する担保権との調整が図られている（徴収法53条2項）。

5　相続などがあった場合の差押えの効力

差押え後に滞納者が死亡し又は法人が合併により消滅した場合でも、差押えをやり直すことなく滞納処分を続行することができる（徴収法139条1項）。また、滞納処分の死亡を知らないで滞納者名義の財産を差し押さえた場合も同様に滞納処分を続行することができる（同条2項）。

対策のポイント

利息制限法による利息の制限から、不当利得返還請求をすることができる。ただし、請求権の時効を考慮する必要がある。

Q41　差押財産選択時の留意事項

> 滞納者が複数の財産を所有している場合、差押財産の選択に
> 当たり、徴収職員が留意すべき事項はどのようなことでしょう
> か。

A

　差押の対象としてどのような財産を選択するかは、徴収職員の裁
量に委ねられているが、第三者及び相続人の権利の尊重からの制限
を受ける場合がある。また、徴収職員の裁量権も全く無制限とはい
えない。この裁量の範囲を超えた場合、原則的には不当にとどまる
が、その不当が著しいと認められるときには違法となる。

1　実務上の選択の基準

　差し押さえる財産の選択は、徴収職員の裁量に委ねられているが、
おおむね次に掲げる事項に留意して選択する実務取扱いがされてい
る（徴収法基本通達47―17）。そして、差押対象財産について滞納
者の申出があるときは、次に掲げる事項を考慮のうえ、滞納処分の
執行に支障のない限り、その申出の財産を差し押さえる実務とされ
ている。

　①　第三者の権利を害することが少ない財産であること。

　②　滞納者の生活の維持又は事業の継続に与える支障が少ない財
　　産であること。

　③　換価に便利な財産であること。

　④　保管又は引揚げの便利な財産であること。

2　滞納者からの実質的な差押換えの請求

　滞納者が、他に差押えができる適当な財産を提供した場合において、その提供された財産を差し押さえたときは、先にしていた財産の差押えを解除することができる（徴収法79条2項2号）。したがって、この場合における滞納者の財産の提供は、実質的な意味における差押換えの請求といえる。

　なお、この滞納者の差押換えの請求は、第三者又は相続人の差押換えの請求とは異なり、制度的なものではなく、徴収職員等がその請求に応ずるかどうかもその裁量にかかることになる。しかし、その反面、請求の手続、期限には制約がないという利点がある。

対策のポイント

　滞納者の財産が複数あり、滞納国税が比較的少額である場合には、差し押さえる財産の選択に迷う場合がある。実務上の選択基準を満たすものとして、まずは、普通預金の差押えをする場合が多い。

Q42 差押えの制限

超過差押えや無益な差押えは制限されていますが、具体的な考え方を教えてください。

A--

1　租税を徴収するためには必要な範囲を超える財産は差し押さえることはできない（徴収法48条1項）。ただし、例えば、滞納者が所有する不動産以外に差押えに適する財産を有していない場合において、その不動産を差し押さえたときは、差押財産の価額（処分予定価額からその財産に設定されている租税に優先する抵当権などの被担保債権額を控除した額）が滞納税額を上回っても、この場合には超過差押えに当たらないと解されている。また、差押財産の価額が滞納税額を超過する場合であっても、その差押財産が不可分物である場合には、超過差押えには当たらないと解されている（徴収法基本通達48－3）。

　なお、債権については、滞納税額にかかわらず、原則としてその全額を差し押さえることとされている（徴収法63条）。これは、その債権の実質的な価値は第三債務者の弁済資力に左右されることによる。

2　差し押さえようとする財産の価額（処分予定額）が、差押え時におけるその財産上の租税に優先する抵当権等の被担保債権額を超えないときには、差押えに係る税金の徴収見込みがないことから、その差押えは無益な差押えとなる。したがって、その財産は差し押さえることができない（徴収法48条2項、79条1項2号）。

ただし、不動産に抵当権が設定されていた場合には、被担保債権額が弁済により減少することもあるため、差押え時の被担保債権現在額を確認する必要がある。その結果、債権現在額が財産の価額よりも少なければ差押えは無益とはならない。

　また、複数の不動産上に税金に優先する共同抵当権が設定されている場合に、それぞれの不動産について個別に判定すると、その価額は優先する抵当権の被担保債権額を超える見込みがなくても、共同抵当権が設定されている不動産を一体として判定すれば、その価額が優先抵当権の被担保債権額を超えることがある。

　この場合には、無益な差押えとはならない。

対策のポイント

　滞納者の財産を差し押さえるに当たっては、第三者が有する権利を害さないように努めなければならない（徴収法50条）。財産の調査に際し、預金や給与、生命保険の解約請求権を調査して、それらから選択するように努める。やむを得ず、抵当権が設定されている不動産を差し押さえる場合には、公売による配当が比較的近い時期において確実に得られるかを見極めなければならない。

Q43　差押換えの請求への対応

　滞納処分により差し押さえた財産上の担保権者から、滞納者
は他に差押えに適する財産を有していることを理由として、当
該差押財産の差押解除を求められました。どのように対処すれ
ばよいでしょうか。

A

　徴収職員は、滞納者の財産を差し押さえるに当たっては、滞納処
分の執行に支障がない限り、その財産につき第三者が有する権利を
害さないよう努めなければならない（徴収法49条）。

　これに対応して、一定の要件のもとに、第三者からの差押換えの
請求の措置が認められている（徴収法50条）。

1　差押換えの請求の要件

　差押換えの請求ができるのは、①差押財産について、第三者が質
権、抵当権、特定の先取特権、留置権、賃借権その他の権利（特定
の先取特権以外の先取特権を除く。）を有していること、②滞納者
が、他に換価が容易で、他の第三者の権利の目的となっていない財
産を有していること、③その財産（②の財産）により、滞納租税の
全額を徴収できる場合であること、の3つの要件に該当する場合で
ある（徴収法50条1項）。

　イ　特定の先取特権以外の先取特権の除外　　先取特権のうち、
　　徴収法第19条・第20条（地税法14条の13・14条の14）に掲げる
　　ものに該当しない先取特権は、差押換えの請求ができる権利か
　　ら除外されている（徴収法50条1項。なお、差押えに当たって

尊重すべき第三者の権利には該当する。）。

ロ　差押租税と滞納租税の全額との関係　　差押換えによる差押請求財産は、滞納租税の全額を徴収できる財産であることを要する。差押え中の租税だけを徴収できるとしても、他に滞納の租税があればそれに基づく差押えがされることになり、それでは差押換えによる差押解除をする実益が失なわれるからである。

2　差押換えの請求の手続

差押換えの請求は、所定の事項（徴収令19条1項参照）を記載した書面により、差押解除請求財産について、①公売する場合はその公売公告の日、②随意契約により売却する場合はその売却の日、までにしなければならない（徴収法50条1項）。

3　差押換えの請求の処理

差押換えの請求があった場合において、①その請求を相当と認めるときは、差押換えをしなければならず、②反対に、その請求を相当と認めないときは、その旨を請求者に通知しなければならない（徴収法50条2項）。

なお、差押換えに伴って行う差押えに当たっては、新たな滞納処分ができない旨の法律の規定にかかわらず、その差押えをすることができる（徴収法50条5項）。

4　差押換えの請求が認められない場合の換価の申立て

イ　換価の申立て　　差押換拒否の旨の通知を受けた第三者は、その通知を受けた日から起算して7日を経過した日までに、差押換えによる差押請求財産について換価すべきことを申し立てることができる（徴収法50条3項）。この申立ては、所定の事項を記載した書面でしなければならない（徴収令19条2項）。

ロ　差押解除請求財産の換価制限　　換価の申立てがあった場合
には、その換価の申立財産（差押換による差押請求財産）が、
①換価の著しく困難なものか、②他の第三者の権利の目的とな
っているものであるときを除き、その財産を差し押さえ、換価
に付した後でなければ、差押換えによる差押解除請求財産を換
価することができない（徴収法50条3項）。

　　なお、この換価制限は、第二次納税義務者と主たる納税者と
の財産の換価の順序に関する制限と同様である。

ハ　差押解除請求財産の差押解除　　換価の申立てがあった場合
において、その申立てがあった日から2月以内に、その換価の
申立財産（差押換による差押請求財産）を差し押さえ、かつ、
換価に付さないときは、差押換えによる差押解除請求財産につ
いてしている差押えを解除しなければならない（徴収法50条4
項本文）。ただし、租税に関する法律の規定により換価ができ
ないこととされている場合には、この差押解除をする必要がな
い（同項ただし書）。

対策のポイント

　第三者からの差押換えの請求については、第三者の権利を尊
重するため、請求を相当と認めるときは、差押換えをしなけれ
ばならない。

　なお、確実に取り立てることができると認められる債権（例
えば、相殺のおそれのない定期預金）は、滞納国税の保全が図
られ、差押換えの制度の趣旨を十分に生かすことになることか
ら、積極的に差押換えの請求に応じる。

Q44 相続財産と相続人固有の財産の差押え

納税者が死亡したため、相続人に対し納税義務の承継を行いましたが、相続人固有の財産について差押えを行うことができるでしょうか。

A--

相続が開始されると、その被相続人の財産とともに、租税も承継される。この被相続人の租税につき差押えをする場合には、徴収職員は、滞納処分に支障のない限り、まず相続財産を差し押さえるように努めなければならない（徴収法51条1項）。

これに対応して、一定の要件のもとに、相続人からの差押換えの請求の措置が認められている（徴収法51条2項）。

なお、相続人の差押換えの請求については、第三者の差押換えの請求の場合のような換価の申立ての制度がないことに注意する必要がある。また、相続人の権利と第三者の権利とが競合する場合には、第三者の権利を尊重するものとしている（徴収法基本通達51―1）。

1 差押換えの請求の要件

差押換えの請求は、①被相続人の租税につき相続人の固有財産が差し押さえられたこと、②相続人が、他に換価が容易で、第三者の権利の目的となっていない相続財産（相続により承継した財産）を有していること、③その財産（②の財産）により、被相続人の租税の全額を徴収できる場合であること、の3つの要件がある場合にすることができる（徴収法51条2項）。

なお、差押換えによる差押請求財産は、差押えに係る租税ばかり

でなく、被相続人の租税の全額であることに注意する必要がある
（この趣旨は、第三者の差押換の請求の場合と同様である。）。

2　差押換の請求の手続とその後の処理

　差押換えの請求は、所定の事項を記載した書面により一定の期限
（公売公告の日又は随意契約により売却をする日）までにしなけれ
ばならない（徴収令20条、徴収法基本通達51―7）。

　差押換えの請求があった場合には、その請求を相当と認めたとき
は差押換えを行い、又は差押換えの請求を相当と認めない旨の通知
をする（徴収法51条3項）。いずれも第三者の差押換えの請求の場
合と同様である。

対策のポイント

　相続人のうち相続によって得た財産の価額が承継税額を超え
ている者がいるときは、その相続人は、その超える価額を限度
として、他の相続人の承継税額を納付する責任がある（通則法
5条3項）。「その財産により当該国税の全額を徴収することが
できること」でいう「国税の全額」には、この納付責任額が含
まれる（徴収法基本通達51―6）。

Q45 差押禁止財産の範囲

滞納処分による差押えが禁止されている財産には、どのような財産がありますか。

A --

滞納者の財産のうち、特定のものについては、主として滞納者保護の観点から、徴収法に差押禁止の規定を設けているほか、特別法による数多くの差押禁止財産がある。前者の徴収法による差押禁止には、①一般の差押禁止財産、②条件付差押禁止財産、③給与の差押禁止、④社会保険制度に基づく給付の差押禁止がある。

1　一般の差押禁止財産

次に掲げる財産は、差し押さえることができない（徴収法75条）。これらの財産の差押禁止は国税徴収法第76条以下の3条に規定する差押禁止と異なり、滞納者の承諾がある場合においても差し押さえることができない。

① 滞納者及びその者と生計を一にする親族（配偶者及び滞納者の親族のほか、届出をしていないが事実上婚姻関係にある者を含む。）の生活に欠くことができない衣服、寝具、家具、台所用具、畳及び建具。ただし、畳及び建具については、その建物とともに差し押さえることができる（徴収法75条2項）。

② 滞納者及びその者と生計を一にする親族の生活に必要な3か月間の食料及び燃料

③ 主として自己の労力により農業を営む者（自然人に限り法人を含まない。）の農業に欠くことができない器具、肥料、労役

の用に供する家畜及びその飼料並びに次の収穫まで農業を続行するために欠くことできない種子その他これに類する農作物

④　主として自己の労力により漁業を営む者の水産物の採捕又は養殖に欠くことができない漁網その他の漁具、えさ及び稚魚その他これに類する水産物

⑤　技術者、職人、労務者その他の主として自己の知的又は肉体的な労働により職業又は営業に従事する者（弁護士、税理士、医師、作家等で、③及び④の者を除いた者）のその業務に欠くことができない器具その他の物。ただし、商品は除かれる。

⑥　実印その他の印で職業又は生活に欠くことができないもの

⑦　仏像、位牌その他礼拝又は祭祀に直接供するため欠くことができない物

⑧　滞納者に必要な系譜、日記及びこれに類する書類

⑨　滞納者又はその親族が受けた勲章その他名誉の章票

⑩　滞納者又はその者と生計を一にする親族の学習に必要な書籍及び器具

⑪　発明又は著作にかかるもので、まだ公表していないもの

⑫　滞納者又はその者と生計を一にする親族に必要な義手、義足その他の身体の補足に供する物

⑬　建物その他の工作物について、災害の防止又は保安のため法令の規定（消防法17条等）により設備しなければならない消防用の機械又は器具、避難器具その他の備品。ただし、その建物その他の工作物とともに差し押えることは差し支えない（徴収法75条2項）。

2 条件付差押禁止財産

次に掲げる財産（前記１に該当するものを除く。）については、滞納者が、①租税の全額を徴収できる財産で、②換価が困難でなく、第三者の権利の目的となっていないもの、を提供したときは、滞納者の選択により差押えをしないものとされている（徴収法78条）。

① 農業に必要な機械、器具、家畜類、飼料、種子その他の農産物、肥料、農地及び採草放牧地

② 漁業に必要な漁網その他の漁具、えさ、稚魚その他の水産物及び漁船

③ 職業又は事業（前記①及び②の事業を除く。）の継続に必要な機械、器具その他の備品及び原材料その他たな卸をすべき資産（商品、仕掛品、消耗品等）

対策のポイント

国税徴収法第75条の一般の差押禁止財産は「生活に欠くことができない」、「業務に欠くことができない」等の財産であり、同第78条の条件付差押禁止財産は「農業に必要な」「漁業に必要な」「事業の継続に必要な」と規定していることに留意する。

Q46　給与差押えの留意事項

> 滞納処分により給与の差押えを行う場合に、どのような点に留意すべきでしょうか。

A --

給与については、その性質に応じて、①給料、賃金、俸給、歳費、退職年金及びこれらの性質を有する給与（役員報酬）に係る債権（以下、「給与等」という。）、②賞与、③退職手当に区分して、それぞれにつき差押えの禁止を定めている。

なお、給与の差押禁止の規定は、差押えにつき滞納者の承諾があるときは適用されない（徴収法76条5項）。

1　給料等の差押禁止とその支払金銭の差押禁止

給料等については、次の計算式により求めた金額に相当する部分の金額は、差し押さえることができない（徴収法76条1項）。

（計算式）

A〔源泉所得税＋道府県民税及び市町村民税＋社会保険料〕＋B〔(100,000円＋45,000円×滞納者と生計を一にする親族の数) ×給料等の支給期間／1カ月〕＋C〔｛給料等の総支給額－（A＋B)｝×0.2〕＝差押禁止額

イ　所得税等（Aの金額）　右Aは、法律の規定により給料等から控除される所得税、道府県民税、市町村民税及び社会保険料（健康保険法167条1項等）に相当する金額は、現実には支給されないところから、差押禁止とされている（徴収法76条1項1号から3号）。

ロ　最低生活費相当額（Bの金額）　　Bは、滞納者及びその者
と生計を一にする親族（配偶者及び滞納者の親族のほか、届出
をしていないが事実上婚姻関係にある者を含む。）の最低生活
を保障する趣旨から、一定額を差押禁止としたものである。そ
の金額は、生活保護法による生活扶助の基準となる金額を勘案
して政令で定めることとされており（徴収法76条1項4号、徴
収令34条）、現在は、給料等の支給期間1か月ごとに、滞納者
は100,000円、滞納者と生計を一にする親族一人につき45,000
円である。

ハ　生活費の加算額（Cの金額）　　Cは、いわば収入に相応す
る地位・体面に応じて若干の額の差押禁止を認めようとするも
のである。その金額は、給料等の総支給額から①租税等（A）
及び②最低生活費相当額（B）を控除した金額の20%相当額で
ある。ただし、その額は、最低生活費相当額（B）の2倍相当
額をもって最高限度額とされる（徴収法76条1項5号）。

ニ　実務上の端数計算　　A、B、Cの金額に千円未満の端数
——給料等の支給期間が1か月未満のときは100円未満の端数
——がある場合には、その端数を切り上げて差押禁止額を計算
する実務取扱いがされている（徴収法基本通達76−3）。

ホ　二以上の給料等がある場合　　滞納者が同一の期間につき2
以上の給料等の支払を受けている場合には、その合計額につき、
差押禁止額を計算する（徴収法76条1項後段）。

ヘ　給料等の支払を受けた金銭の差押禁止　　給料等に基づき支
払を受けた金銭は、①最低生活費相当額（B）及び生活費の加
算額（C）の合計額に、②その給料等の支給の基礎となった期

間の日数のうちに差押えの日から次の支払日までの日数の占める割合を乗じて計算した金額を限度として、差し押さえることができない（徴収法76条2項）。

2　賞与等の差押禁止

賞与及びその性質を有する給与にかかる債権については、その支払を受けるべき時における給料等とみなして、差押禁止の規定を適用する（徴収法76条3項前段）。したがって、前記(1)により差押禁止額を計算するが、その場合における①最低生活費相当額（B）及び②生活費の加算額（C）の計算については、その支給期間が1か月であるものとみなされる（同項後段）。

3　退職手当等の差押禁止

退職手当及びその性質を有する給与にかかる債権については、次の計算式により求めた金額に相当する部分の金額は、差し押さえることができない（徴収法76条4項）。

（計算式）

A〔源泉所得税＋道府県民税及び市町村民税＋社会保険料〕＋B〔(100,000円＋45,000円×滞納者と生計を一にする親族の数）×3〕＋C〔B×0.2×（退職手当等の支給の基礎となった年数（端数切上の実務）－5)〕＝差押禁止額

4　社会保険制度に基づく給付の差押禁止

社会保険制度に基づき支給されるものは、①退職年金、老齢年金、普通恩給、休業手当金及びこれらの性質を有する給付に係る債権は給料等とみなして、給与の差押禁止の規定が適用される（徴収法77条1項）。したがって、その差押禁止額の具体的な計算方法は、前述（3参照）の給与の差押禁止の場合と同様である。

対策のポイント

　民事執行法第152条第１項第１号の債務者が国税及び地方公
共団体以外の者から生計を維持するために支給を受ける継続的
給付に係る債権は、国税徴収法第76条及び第77条の規定により
差押えが禁止されるものではないが、その債権の差押えが滞納
者及びその者と生計を一にする親族の最低生活に支障を及ぼす
と認められる場合には、国税徴収法第76条の規定によるものの
ほか、民事執行法第152条第１項に規定する差押禁止額の限度
においても、その差押えを行う（徴収法基本通達76－４）。

Q47 公的年金差押えの留意事項

社会保険制度に基づく給付の差押えを行う場合、どのような点に留意すべきでしょうか。

A---

　社会保険制度に基づき支給されるものは、①退職年金、老齢年金、普通恩給、休業手当金及びこれらの性質を有する給付（確定給付企業年金法38条1項の規定に基づいて支給される年金、確定拠出年金法35条1項の規定に基づいて支給される年金その他政令で定める退職年金を含む。）に係る債権は給料等とみなして、②退職一時金、一時恩給及びこれらの性質を有する給付（確定給付企業年金法38条2項の規定に基づいて支給される一時金及び同法42条の規定に基づいて支給される脱退一時金、確定拠出年金法35条2項の規定に基づいて支給される一時金その他政令で定める退職一時金を含む。）に係る債権は退職手当等とみなして、それぞれ給与の差押禁止の規定が適用される（徴収法77条1項）。

　この場合、差押禁止額は、①源泉徴収に係る所得税の額（徴収法76条1項1号）、②特別徴収に係る住民税の額（徴収法76条1項2号）、③社会保険料の額（徴収法76条1項3号）、④最低生活費相当額（徴収法76条1項4号）、⑤支給額から1号ないし4号の金額を控除した金額の20％相当額（徴収法76条1項5号）の合計額になる。

　計算例は、次のとおり（生計を一にする親族が1人の例）

年金支給額　　　　　400,000円（2か月に1回支給）

①の金額　　　　　　3,000

②の金額	10,000
③の金額	15,000（国民健康保険料、介護保険料など）
④の金額	290,000（本人100,000円、親族45,000円）× 2
⑤の金額	16,400（400,000－318,000）×20%
差押禁止額	334,400円
差押可能額	65,600円

対策のポイント

　年金の差押えは、継続的安定的取立てが可能となるため、法定取立額による取立てを行うほか、給与所得者に対しては、承諾書を徴して金額を定めて差し押さえ、取り立てる場合もある。

給与振込みの預金口座の差押えの可否

　給与が振り込まれている預金については、全額の差押えが可能ですか。それとも、国税徴収法第76条の差押禁止額の規定が適用されますか。

A

　国税徴収法第76条は、給与について定めた規定であり、給与が振り込まれた預金については差押禁止額に関する定めはないし、また、給与に係る債権と預金債権とは法律上別個の債権であり、給与が振り込まれた預金債権については、給与の差押禁止の規定の適用はないから、全額を差し押さえることができる（最高裁平成10年2月10日判決・金法1535号64頁）。

　なお、当該預金債権の差押えによって、滞納者の生活の維持が困難となる場合は、換価の猶予（徴収法152条2項、地税法15条の5）又は滞納処分の停止（同法153条3項、地税法15条の7、1項）により、差押えを解除する余地がある。

　最近の下級審では、預貯金の原資が差押禁止債権であると識別、特定が可能であるときは、当該差押えは差押禁止債権の差押えと同視すべきであり、預貯金の差押えは禁止されるべきものであるとしている（東京地裁平成15年5月28日判決・金法1687号44頁）。

対策のポイント

　預貯金債権に対する差押えであっても、滞納者の生活状況、差押えに至る経緯、差押処分庁の意図、被差押債権の原資等を

135

考慮し、徴税の公平性確保の観点を踏まえても、差押えを行うことが最低限度の生活の維持を図ろうとする諸規定の趣旨を潜脱し、脱法的と評価し得るような特段の事情が認められる場合には、当該差押えは実質的には差押禁止債権に対するものとして違法となる場合があると解すべきであるとされている（福井地裁平成30年11月7日判決）。

鳥取地裁平成25年3月29日判決は、次の理由を示して、差押処分を違法なものと判断した。①当局が、差押処分に先立って、差押えの対象として予定している預金債権に係る預金口座に、近いうちに児童手当が入金されることを予期した上で、実質的に児童手当を原資として租税を徴収することを意図した、②差押処分の時点において、客観的にみても児童手当以外に預金口座への入金がない状況にあり、処分行政庁がそのことを知り又は知り得る状態にあったのに、なお差押処分を断行した場合は、当該処分は、客観的にみて、実質的に児童手当法の精神を没却するような裁量逸脱があったものとして、違法なものとした。

なお、差押処分として違法とされた判決が相次いで出され、そうした差押えには慎重にならざるを得ない。

① 広島高裁松江支部平成25年11月27日判決・金商1432号8頁
　　預金債権の大部分が児童手当の振込みにより形成されたものであり、児童手当相当額の部分に関しては、実質的には児童手当を受ける権利自体を差し押さえたのと変わりがないと認められるから、児童手当法15条の趣旨に反するものとして違法であると認めざるを得ない。

② 前橋地裁平成30年1月31日判決・判タ1453号161頁

　滞納処分庁は、本件貯金債権の原資が給与であることを認識しつつ、給与が本件貯金口座に振り込まれた当日に差押処分を行っているのであって、実質的に給与自体を差し押さえることを意図して、差押処分を行ったものと認めるべき特段の事情があるというべきであり、本件差押処分は、脱法的な差押処分として違法であるといわざるを得ない。

遺言による相続分の指定

遺言において法定相続分と異なる相続分の指定がなされた場合、租税債権者はどのように対処すべきですか。

A

1 相続未登記の不動産の差押え

共同相続人の一人に滞納税がある場合において、相続登記未了の不動産がある場合は、法定相続分による相続登記をしたうえで、滞納者の持分（法定相続分）を差し押さえることができる。その場合、後に相続分の指定を内容とする遺言が明らかになると、その遺言により、滞納者以外の他の相続人の指定相続分が法定相続分を上回り、反対に、滞納相続人の指定相続分が法定相続分を下回るケースが生じることがある。令和元年7月1日以後に開始した相続について適用される改正相続法は、対抗要件主義を採用し、このようなケースでは、他の共同相続人は、自己の法定相続分を超える部分については登記を備えなければ第三者に対抗することができないとした（民法899条の2、1項）。

したがって、既に、法定相続分による相続登記と差押えの登記がされている場合は、他の共同相続人は、自己の法定相続分を超える部分の権利取得を差押えに対抗することができない結論となる。改正前においては、遺言により相続分の指定があった場合、法定相続分を超える相続分を指定された他の共同相続人は、法定相続分を超える部分を相続の時に遡って取得し、これを登記なくして第三者に対抗できると解されていたので、結論が大きく変わることになった。

　徴収実務では、法定相続分によって納税義務を承継させた後に指定相続分の遺言が明らかになったときは、納税義務承継決議（通知）を指定相続分によるものと変更することになる。そうすると、法定相続分で差押処分した後、指定相続分で納税義務を承継する、一見矛盾した事態がもたらされる。

2　相続債権の第三者対抗要件

　相続財産が債権（可分債権）である場合において、共同相続人の一人が法定相続分を超えてその相続債権を相続した場合の対抗要件については、その共同相続人が、債権者に対して、遺言の内容や遺産分割の内容を明らかにして相続した旨の承継通知（確定日付のある書面による通知）をしたときは、共同相続人の全員が債務者に通知したものとみなして、その法定相続分を超える権利取得を第三者に対抗できることとされた（民法899条の2、2項）。

　そのため、改正相続法の下における債権を相続した場合の対抗要件は、改正前における①相続人全員からの債務者への通知（確定日付のある書面により通知）、②債務者による承諾（確定日付のある書面により承諾）のほか、③法定相続分を超えて再建を相続した相続人からの債務者への承継通知によっても対抗要件を備えることができることになった。

　その結果、共同相続人の一人に滞納税がある場合において、相続債権のうち、滞納相続人の法定相続分の債権を差し押さえた場合と、法定相続分を超えてその相続債権を相続した者の法定相続分を超えてその相続債権を相続した者の法定相続人を超える部分の権利取得との優劣は、①から③に掲げる相続人による承継通知書等の第三債務者等への到達日時と債権差押通知書の第三債務者への到達日時と

の先後により決することになる。

3　指定相続分と遺留分との関係

改正相続法において、遺留分減殺請求権が、「遺留分侵害額請求権」に相当する金銭の支払請求を行使するにすぎず（民法1046条1項）、指定相続分までも修正するわけではないことから、次のとおり、実務取扱いが変更された。

相続分の指定が、民法の遺留分に関する規定に違反しているものであっても、減殺の請求がない限り、その指定相続分による（平成31年3月18日付一部改正による通則法基本通達5－10）。なお、遺留分減殺の請求がある場合であっても、その請求が、特定の遺産を特定の相続人に単独で相続により承継させようとする遺言（最高裁平成3年4月19日判決・民集45巻4号477頁参照）による財産の承継、特定遺贈又は遺言者の財産全部についての包括遺贈などに対してなされたものであって、その請求によって遺留分権利者に帰属する権利が相続財産としての性質を有しないときは、その指定相続分による（最高裁平成21年3月24日判決・民集63巻3号427頁）。

遺言による相続債務に係る分割方法の指定は、相続債権者の関与なくされたものであるから、各相続人は、相続債権者から法定相続分に従った相続債務の履行を求められたときは、これに応じなければならないが、相続債権者が指定の効力を承認し、指定に応じた相続債務の履行を請求することは妨げられない（前掲最高裁平成21年3月24日判決・民集63巻3号427頁）。

対策のポイント

遺言執行者の遺言の執行に抵触する法定相続分による差押え

の効力について、被相続人の債権者や相続人の債権者の権利行使を妨げないとされたので（民法1013条3項）、差押えの効力は維持される。

　ただし、当該指定により回収可能性が高まる場合は遺言とおりの債務相続を認めたり、指定された相続人にその分の弁済を引き受けさせたりするなど柔軟に対応すべきである。

第 **7** 章

動産・有価証券の差押え

Q50 動産・有価証券の差押手続

> 動産・有価証券の差押えは、どのような手続で行えばよいでしょうか。

A --

1　動産及び有価証券の差押えは、その財産を占有して行い（徴収法56条1項）、差押えの効力は、その財産を占有した時に生ずる（同条2項）。

　　ただし、差し押さえたこれらの財産を滞納者又はその財産を占有する第三者に保管させたときは、例外的に、封印、公示書その他の方法により差し押さえた旨を明白に表示した時に、差押えの効力が生ずる（徴収法60条2項）。

2　動産又は有価証券を差し押さえた場合において、必要があると認めるときは、その財産を、滞納者又はその財産を占有する第三者に保管させることができる。ただし、その第三者に保管させる場合には、その運搬が困難であるときを除き、その第三者の同意を得なければならない（徴収法60条1項）。

　　差し押さえたこれらの財産を滞納者又はその財産を占有する第三者に保管させたときは、例外的に、封印、公示書その他の方法により差し押さえた旨を明白に表示した時に、差押えの効力が生ずる（徴収法60条2項）。

3　差し押さえた動産又は有価証券を納税者又は第三者に保管させない場合には、直ちに搬出し、保管させた場合でも、必要があるときは搬出することができる。

差押財産の搬出をした場合には、搬出調書を作成し、これに署名押印して、納税者又はその財産を占有する第三者にその謄本を交付しなければならない。ただし、差押調書又は捜索調書を作成するときは、これらの調書に差押財産を搬出した旨を附記してその手続に代えることができる（徴収令26条の２）。

4　滞納者の財産を差し押さえた時は、差押調書を作成し、その謄本を滞納者に交付しなければならない（徴収法54条）。

5　滞納者の所持する金銭を差し押さえたときは、その限度において、滞納者から差押えにかかる租税を徴収したものとみなされる（徴収法56条３項）。

6　有価証券を差し押さえた場合において、その有価証券に係る債権が金銭の給付を目的とする債権であるときは、その金銭債権を取り立てることができる（徴収法57条１項）。なお、取立てをする有価証券は、その有価証券に係る金銭債権の履行期日が既に到来しているものまたは近い将来において履行期日が到来するものであって、換価するよりもその債権の取立てをする方が徴収上有利であると認められるものに限るとされている（徴収法基本通達57－３）。

対策のポイント

　捜索を実施した場合に金銭、有価証券を差し押さえ、租税に充当する手続が一般的であることから、捜索を計画した場合には必ず、動産等の差押調書を用意する。

Q51 第三者占有財産の差押手続

滞納者の財産（動産）を第三者が賃貸借契約に基づいて占有していることが判明したので、差押えをしようとしましたが、その第三者が引渡しに応じません。このような場合、差押えはできないのでしょうか。

1　第三者が占有する場合の差押えの制限

滞納者の動産又は有価証券を、特定の者を除いた第三者が占有している場合において、その第三者がその動産等の引渡を拒んだときは、それを差し押さえることができない（徴収法58条1項）。

(1)　特定の第三者

動産等の引渡しを拒むことができる第三者は、滞納者以外の第三者のうち、次に掲げる者を除いた者である。

①　滞納者の親族その他の特殊関係者（徴収法58条1項）

②　譲渡担保権者の物的納税責任による滞納処分として、譲渡担保財産を差し押さえる場合において、その財産を占有している滞納者（設定者）又はその親族その他の特殊関係者（徴収令24条4項）

③　第二次納税義務者又は保証人として納付すべき租税の滞納処分として、それらの者の財産を差し押さえる場合において、その財産を占有している滞納者（主たる納税者）又はその親族その他の特殊関係者（同条5項）

(2) 占有の意義

第三者が占有する財産の差押制限の場合における第三者の「占有」とは、「所持」の意と解される。

2 引渡命令と差押え

第三者が占有する動産又は有価証券につき、前記1の差押制限がある場合には、一定の要件のもとに、その第三者に引渡命令を発したうえで、その財産を差し押さえることができる。

(1) 引渡命令の要件

引渡命令を発することができるのは、①前記1の第三者が、占有している滞納者の動産等の引渡しを拒んだこと、②滞納者が、他に換価が容易で、滞納租税の全額を徴収できる財産を有しないと認められること、の要件に該当する場合である（徴収法58条2項）。

(2) 引渡命令の手続

イ 引渡命令書 (1)の要件に該当する場合には、税務署長等は、引渡を拒んだ第三者に対して、期限を指定して、その占有中の動産等の引渡しを命ずることができる（徴収法58条2項）。滞納者の財産を占有する第三者に対して、①滞納者の氏名及び住所、②滞納税金、③引き渡すべき財産、④引渡期限及び引渡場所等を記載した「財産の引渡命令書」を交付する。

ロ 引渡命令の期限 引渡命令書に記載する引渡しの期限は、その書面を発する日から起算して7日を経過した日以後の日としなければならないが、その第三者の財産につき強制換価手続が開始されたときその他やむをえない必要があると認められるときは、その期限を繰り上げることができる（徴収令24条3項）。

ハ　滞納者への通知　　引渡命令を発した場合には、税務署長等は、その旨を書面（徴収令24条2項参照）により、滞納者に通知しなければならない（徴収法58条2項後段）。

(3)　引渡命令の効果（差押え）

引渡命令を受けた第三者が、①その命令に応じてその占有中の動産等を引き渡したときは、直ちにそれを差し押さえることができ、また、②引渡しの期限までに引渡しをしないときにも、第三者が占有しているにかかわらず、その動産等を差し押さえることができる（徴収法58条3項）。

対策のポイント

引渡命令を発することができるのは、第三者が、占有している滞納者の動産等の引渡しを拒み、滞納者が、他に換価が容易で、滞納租税の全額を徴収できる財産を有しないと認められること、の要件に該当する場合である（徴収法58条2項）。

したがって、滞納者に納付意思が認められ猶予処理をする場合や、他に換価が容易な財産を有する場合には適用されないことに留意する。

Q52 貸金庫の捜索と差押手続

貸金庫を調査して内容物を差し押さえるためには、どのようにすればよいでしょうか。

A

1　銀行と利用者との間の貸金庫取引は、銀行の付随業務である保護預り（銀行法10条等）の一形態であって、銀行が、貸金庫室内に備え付けられた貸金庫ないし貸金庫内の空間を利用者に貸与し、有価証券、貴金属等の物品を格納する ために利用させるものである。

最高裁平成11年11月29日判決（民集53巻8号1926頁）は、貸金庫取引においては、貸金庫は銀行の管理する施設内に設置され、銀行がその保管専用するマスターキーによる施錠を解かなければ、利用者は貸金庫を開扉することができず、また、銀行は、利用者に対して、貸金庫室への立入りや貸金庫の開扉を拒むことができるものと解され、利用者としては、銀行の協力なくして貸金庫に格納された内容物を取り出すことができない。これらの点にかんがみると、銀行は、貸金庫の内容物に事実上の支配を及ぼしており、その「所持」（民法180条）を有することが明らかである。また、銀行は、業務として貸金庫取引を行うものであり、貸金庫の安全保持を通じてその内容物を安全に保管する責任を負っているから、「自己のためにする意思」（同条）をもって貸金庫の内容物を所持していることも肯定することができる。したがって、銀行は、貸金庫の内容物について、利用者と共同して民法上の占有を

有すると判示している。

　したがって、上記判決の判示内容からすれば、銀行は滞納者の財産を占有する第三者に当たると考えられるから、徴収職員は、銀行を相手方として、貸金庫を捜索し、内容物について差押えを行うことができる。

2　なお、国税徴収法第142条第1項は、徴収職員は、滞納処分のため必要があるときは、滞納者の物又は住居その他の場所につき捜索することができると規定し、貸金庫は、「滞納者の物」として、滞納者又は第三者等を立会人として捜索することができる取扱いとしている（徴収法基本通達142−5）。

対策のポイント

　最高裁平成11年11月29日判決（民集53巻8号1926頁）が判示された後、銀行は、「国税徴収法の定めるところにより貸金庫の開扉をもとめられたときには、銀行は副鍵を使用して貸金庫を開扉する」との貸金庫規定に基づき、開扉に協力的である。徴収職員による貸金庫の開扉の求めは、捜索権の行使の一環であり（徴収法142条3項）、銀行がこれに応じても利用者に対する債務不履行になる余地がないことから、銀行は貸金庫の捜索に協力すべきであると考えられる。

Q53 差押有価証券の取立手続

差し押さえた有価証券のうち、取立てをすることができるのは、どのようなものがありますか。また、取立ての手続は、どのようにすればよいのですか。

A

有価証券とは、財産権を表彰する証券であって、その権利の行使又は移転が証券をもってされるものをいい、それには、手形、小切手、国債証券、地方債証券、社債券、株券（株主会員制によるゴルフ会員権に係るものを含む。）、出資証券、信託の受益証券、投資信託又は貸付信託の無記名受益証券、特定目的信託の受益証券、抵当証券、倉庫証券、貨物引換証、船荷証券、商品券、劇場入場券等がある。

この有価証券について、民法は、有価証券を①指図証券（船荷証券、貨物引渡証、倉庫証券など。民法520条の２）②記名式所持人払証券（記名式社債券など。民法520条の13）③指図証券及び記名式所持人払証券以外の記名証券（裏書禁止船荷証券など。民法520条の19）④無記名証券（無記名社債、遊園地等の入場券、乗り物の乗車券、商品券、劇場観覧券など。民法520条の20）の４種類に区分している。これらのうち、③以外のものはその証券の交付を譲渡の効力要件とすることから、有価証券として差し押さえる。

有価証券を差し押さえた場合において、その有価証券に係る債権が金銭の給付を目的とする債権であるときは、その金銭債権を取り立てることができる（徴収法57条１項）。なお、取立をする有価証

券は、その有価証券に係る金銭債権の履行期日が既に到来している
ものまたは近い将来において履行期日が到来するものであって、換
価するよりもその債権の取立てをする方が徴収上有利であると認め
られるものに限るとされている（徴収法基本通達57－3）。

　差し押さえた有価証券の取立てに当たっては、原則として、その
有価証券に「国税徴収法第56条第1項の規定により差し押さえ、同
法第57条第1項の規定により取り立てる」旨を記載のうえ、徴収職
員が署名押印（記名押印を含む。）するものとし、金融機関を通じ
て取り立てることのできる小切手又は手形については、国税通則法
第55条の納付委託を受けた場合の取立ての方法に準ずることとし、
それ以外の有価証券については、その有価証券と直接振出人又は引
受人に呈示して取り立てる取扱いとしている（徴収法基本通達57－
6）。

対策のポイント

　指図証券及び記名式所持人払証券以外の記名証券（裏書禁止
船荷証券など。民法520条の19）の差押えに当たっては、有価
証券の占有とともに第三債務者に対して差押えの通知をすべき
であり、証券上の権利を債権差押えの方法により差し押さえる。

第 **8** 章

債権の差押え

将来債権の譲渡性

> 将来債権は譲渡できますか。また、差押えと債権譲渡が競合した場合、優劣はどのような基準で判定すればよいでしょうか。

A

1　将来債権の譲渡性

　民法466条の6第1項は、将来債権も譲渡することが可能であることを規定している。また、民法第467条は債権譲渡の第三者対抗要件について規定しているが、これは、債権の帰属や差押えの有無が債務者の認識を通じて第三者に表示され得るものであることを根幹とするものであるが、債権の発生が不確実であり、また、相当長期間経過後に発生する債権については、その差押えの事実を債務者が認識し続けていられるかという問題があり、その発生までの期間があまりにも長い場合には、差押えの効力が否定されることも考えられる。

　将来差し押さえることのできるものの例としては、将来受けるべき継続的取引契約に基づく売掛代金債権、雇用契約に基づく給料債権、賃貸借契約に基づく賃料債権、社員又は株主の有する決議前の利益配当請求権、社会保険制度に基づく診療報酬債権等がある（大審院大正2年11月19日判決、東京高裁昭和54年9月19日決定、最高裁昭和53年12月15日判決、最高裁平成11年1月29日判決参照）。

2　将来債権の譲渡の対抗要件

　将来債権譲渡においては、債権が発生したときに譲受人が当該債権を当然に取得し（最高裁平成13年11月22日判決・民集55巻6号

1056頁、最高裁平成19年2月15日判決・民集61巻1号243頁）、将来
債権譲渡については対抗要件が具備されるときまでに譲渡制限特約
が付されたときには、債務者の利益を優先させるため、この場合に
おける譲受人その他の第三者を悪意とみなす旨規定されている（民
法466条の6、2項、3項）。

　将来債権譲渡の場合、債権発生前の段階で債務者対抗要件、第三
者対抗要件を具備することができる（民法467条1項）。民法467条
1項は、最高裁平成19年2月15日判決・民集61巻1号243頁の法理
を具体化したものである。

　したがって、将来債権譲渡における債権移転の時期は、譲渡契約
時とされ、譲渡担保の目的とされた債権が将来発生したときには、
譲渡担保権者は、譲渡担保設定者の特段の行為を要することなく当
然に、当該債権を担保の目的で取得することができる。

対策のポイント

　将来債権について、租税滞納処分のための差押えをすること
ができるが、既に債権譲渡されている場合には、当該差押えは
空振りとなる。ただし、担保の目的として譲渡されていた場合
には、譲渡担保財産としての追及を考える。

Q55 診療報酬債権の差押え

> 将来発生する診療報酬債権について、どのような範囲で差し
> 押さえることができますか。

A

1　診療報酬債権の差押え

現行の社会保険制度の下における医師の保険診療の報酬請求権は、個々の被保険者たる患者に対する権利ではなく、保険者に対する権利であり、現実的には、保険者から支払の委託を受けている社会保険診療報酬支払基金（特別法による法人）に対する権利として法制化されている。そこで、診療報酬の債権の差押えは、社会保険診療報酬支払基金を第三債務者として差押通知書の送付がされている。

2　債権の範囲

社会保険制度に基づく将来の診療報酬債権を差し押さえる場合の範囲について、診療報酬債権は、社会保険制度に基づく診療報酬債権は、将来生じるものであっても、それほど遠い将来のものでなければ、特段の事情のない限り、現在すでに債権発生の原因が確定し、その発生を確実に予測し得るものであるから、始期と終期を特定してその権利の範囲を確定することによってこれを有効に譲渡することができ、またこれを差押えの対象ともなし得るものというべきであるとされていた（東京高裁昭和54年9月19日決定・下民集30巻415頁、最高裁昭和53年12月15日判決・判時916号25頁）。

その後。診療報酬債権の譲渡に関するものではあるが、最高裁平成11年1月29日判決（民集53巻1号151頁）は、将来発生すべき債

権を目的とする債権譲渡契約にあっては、契約当事者は、譲渡の目的とされる債権の発生の基礎をなす事情をしんしゃくし、右事情の下における債権発生の可能性の程度を考慮したうえ、債権が見込みどおり発生しなかった場合に譲受人に生ずる不利益については譲渡人の契約上の責任の追及により清算することとして、契約を締結するものとみるべきであるから、右契約の締結時において債権発生の可能性が低かったことは、右契約の効力を当然に左右するものではないと解するのが相当であると判示し、8年3月にわたる将来債権譲渡契約の有効性を認めた。

3　継続的給付に係る債権

　最高裁平成17年12月6日決定（民集59巻10号2,629頁）は、「健康保険法上の保険医療機関又は生活保護法上の指定医療機関等の指定を受けた病院又は診療所が社会保険診療報酬支払基金に対して取得する診療報酬債権は、被保険者に対して診療等の療養の給付をした場合、法律の規定に基づき、診療担当者として、保険者から委託を受けた支払基金に対して診療報酬を請求する権利を取得することになる。そして、上記の診療担当者として診療報酬債権を請求し得る地位は、法律の規定に基づき保険医療機関として診療報酬債権を請求し得る地位は、法律の規定に基づき保険医療機関として指定を受けることにより発生し、継続的に保持される性質のものであるため、上記指定を受けた病院又は診療所は、被保険者に対し診療等の療養の給付をすることにより、支払基金から定期的にその給付に応じた診療報酬の支払を受けることができる。そうすると、保険医療基金、指定医療機関等の指定を受けた病院又は診療所が支払基金に対して取得する診療報酬債権は、基本となる同一の法律関係に基づき継続

的に発生するものである」と判示し、民事執行法第151条の２第２
項に規定する継続的給付に係る債権に当たることを明らかにした。

　したがって、診療報酬債権は継続収入の債権とされ、差押えの効
力は差押えに係る国税の額を限度として差押え後の収入すべき金額
に及ぶ（徴収法基本通達通62—25）。

対策のポイント

　保険医療基金の指定を受けた病院又は診療所の滞納整理に当
たっては、医療保険基金に対して照会文書によって調査する。
継続収入として差し押さえた場合には、事業継続に困難となる
ことも予想されるため、差押えについては慎重に考えるべきで
ある。

債権譲渡への対処

> 滞納者の債権について第三債務者を調査したところ、第三者へ債権譲渡する旨の通知書が到達していた場合、どのように対処すればよいでしょうか。

A

1 差押えと債権譲渡の優劣

債権の譲渡は、確定日付のある証書（民法施行法 5 条）により譲渡人がこれを債権者に通知し又は債務者がこれを承諾しなければ、債務者以外の第三者に対抗することができない（民法467条 2 項）。

債権の譲渡と滞納処分による差押えの優劣は、確定日付のある譲渡通知書が第三債務者に到達した日時又は確定日付のある第三債務者の承諾の日時と、債権差押通知書が第三債務者に到達した日時との先後により判定する（最高裁昭和58年10月 4 日判決、最高裁昭和49年 3 月 7 日判決・民集28巻 2 号174頁）。

なお、法人が債権を譲渡した場合において、その債権譲渡につき動産及び譲渡の対抗要件に関する民法の特例等に関する法律に基づき債権譲渡登記ファイルに債権譲渡登記がされたときは、その債権の債務者以外の第三者について民法第467条の規定による確定日付のある証書による通知があったものとみなされ、この場合においては、その登記の日をもって確定日付とされる（動産・債権譲渡特例法 4 条 1 項）。

2 確定日付が債権差押通知書の到達よりも前の日であったとして

も、実際の通知又は承諾の時が債権差押通知書の到達よりも後で

ある場合には、差押えが優先することになる。

　また、債権譲渡の通知は、債権者（譲渡人）がすべきであり、譲受人は譲渡人から委任を受けている場合を除き、譲渡人に代位して通知することはできない。

3　差押えとの債権譲渡の先後不明

　債権差押通知書と確定日付のある債権譲渡通知書が第三債務者に到達した日時が同一であること又は先後が不明であることにより債権譲受人と差押債権者の優劣の判定ができないときは、債権譲受人及び差押債権者は、それぞれ第三債務者に対しその全額の履行を請求することができ、第三債務者は譲受人に対する弁済その他債務消滅事由がない限り、弁済を免れることができない（最高裁昭和55年1月11日判決、最高裁平成5年3月30日判決）。

　なお、これらの日時の先後関係が不明であるために、第三債務者が債権者を確知することができないことを原因として債権額に相当する金員を供託した場合において、被差押債権額と譲受債権額の合計額が供託金額を超えるときは、差押債権者と債権譲受人は、被差押債権額と譲受債権額に応じて供託金額を按分した額の供託金額をそれぞれ分割取得する（最高裁平成5年3月30日判決）。

対策のポイント

　第三債務者に対し、債権譲渡そのものが有効かどうかという点と、債権譲渡の対抗要件を具備しているかという点について調査する必要がある。調査の結果について、第三債務者から書面で受け取る。

Q57 譲渡禁止の特約と債権の差押え

譲渡禁止の特約が付された債権を、差し押さえることができますか。

A

1 民法改正の内容

令和2年4月1日施行の改正民法においては、譲渡制限（禁止）特約付債権の譲渡について相対的効力説に立ち、①譲渡制限特約が付された場合でも債権譲渡は有効であるとし（民法466条2項）、他方、②債権者保護のため、債務者は、悪意又は重過失の譲受人に対しては譲渡制限特約を主張できる、③債務者は債務の履行を拒むことができ、かつ譲渡人に対する弁済等をもって譲受人に対抗することができるとしている（同条3項）。

2 差押えと債権譲渡の効力

滞納者が譲渡制限特約付き債権を悪意又は重過失の第三者に譲渡した後に、徴収職員が当該債権を滞納者のものとして差押えをした場合、改正前においては、その譲渡は無効であり、したがって、その債権は滞納者に帰属するものとして、これを有効に差し押さえることができた。

しかしながら、改正民法の下においては、譲渡制限特約付債権に差押えがされた場合には、譲受人の悪意又は重過失の有無に関わりなく、債務者は履行を拒むことはできないこととされた（同条3項）。このため、譲受人に悪意又は重過失があったとしても当該債権を有効に取得することとしているため、譲渡後においては、もは

や滞納者のものとして差し押さえることはできない。

したがって、差押えと債権譲渡の優劣は、債権差押通知書が第三債務者に送達された時と債権譲渡が対抗要件を具備した時との先後により決せられる。

(注)　譲渡制限特約付債権譲渡の事後承諾

　　　譲渡制限特約の付された債権について、譲受人がその特約の存在を知りながら又は重大な過失によりその特約の存在を知らないで譲り受け、その後第三債務者がその譲渡について承諾を与えたが、その前にその債権について差押えがされている場合には、その債権譲渡は譲渡の時にさかのぼって有効となるが、民法第116条の法意に照らし、第三者の権利を害することはできないから、譲受人は、差押債権者に対して債権譲渡の効力を主張できないとしている（最高裁平成 9 年 6 月 5 日判決・民集51巻 5 号2053号）。

3　譲渡制限の意思表示がされた債権に係る債務者の供託

　譲渡制限特約付きの金銭債権が譲渡された場合に、債務者を保護するため、債権者が譲受人の善意、悪意に関係なく、譲渡された金銭債権の全額に相当する金銭を債務の履行地の供託所に供託することができる（民法466条の 2 ）。相対的効力説のもとでは譲受人が「債権者」であることに疑義がないから、債権者不確知を理由とする供託ができないため、この条が新設された。

　供託された金銭については、債権者である譲受人に限り、還付を請求することができるとするものである。その結果、譲渡人の債権者は、供託金還付請求権を差し押さえることができない（民法466条の 2 、 3 項）。

4　譲渡制限の意思表示がされた債権の差押え

　譲渡制限特約付債権の差押えは、民法改正前には明文規定はないが、私人間の合意で差押禁止財産を作ることは認めるべきではない

として差押えが認められていた（最高裁昭和45年4月10日判決・民集24巻4号240頁）。

改正民法は判例法理を条文化し、譲渡制限特約付債権に差押えがされた場合には、差押債権者の悪意、重過失の有無に関係なく、債務者は履行を拒むことができないこととされた（民法466条の4、1項）。他方、譲受人の債権者が差押えをする場合には、譲受人が悪意、重過失であるときは、債務者は、譲受人と同様に履行を拒むことができることとされている（同条2項）。

このため、当該債権が譲渡された場合には、滞納者の財産として差押えはできなくなる。したがって、差押えの債権譲渡の優劣は、譲渡制限特約が付されていない債権の場合と同様に、債権差押通知書が第三債務者に送達された日時と内容証明郵便などの確定日付のある債権譲渡通知書が第三債務者に送達された日時の先後により決せられることになる。

なお、第三債務者が債権譲渡に係る債権を供託した場合には、供託金の還付請求権者は債権譲受人となるから、譲渡人の滞納処分として差押えをすることはできない。

対策のポイント

譲渡制限特約付き債権の典型例として、請負報酬債権、売掛金債権、敷金、保証金返還請求権等がある。

Q58　差押預金と貸付金の相殺

　滞納者の銀行預金を差し押さえたところ、銀行から滞納者に対する貸付金と相殺する旨の申出がされました。この相殺は許されますか。

A

　債権の差押えを受けた第三債務者が、滞納者に対して反対債権を有する場合において、差押え後に、被差押債権と反対債権とを相殺して被差押債権を消滅させることができる（民法505条参照）。

　昭和45年判決は、法定相殺については、第三債務者が差押え前に反対債権を取得していれば、両債権の弁済期の先後を問わず相殺をすることができるとする、いわゆる無制限説を採用し、相殺予約の対外的効力についても、契約自由の原則からその効力を認め、第三債務者の相殺を広く認めるに至ったものである。同判決は、反対債権の弁済期が到来したときに被差押債権である受動債権が支払われずに残っていれば、第三債務者は相殺を主張し得ると判示したものと解されている。

　令和2年4月1日に施行された民法第511条には、「差押え前に取得した債権による相殺をもって対抗することができる」との規定が追加されている。

　これは、無制限説を採用した判例法理を条文上明確にするものであり、その理由として、昭和45年判決後も学説では制限説がなお有力に主張されているものの、弁済期の前後という偶然の事情によって相殺の可否が決せられるのは不当であるという無制限説からの主

張は説得的であり、また、同判決以来、無制限説を前提として実務上の運用がされてきたという実態を踏まえたものであると説明されている（法務省「民法（債権関係）の改正に関する中間試案の法則説明」308頁）。

　銀行預金を差し押さえた場合、銀行は、差押え後に滞納者に貸し付けた貸付金と当該預金とを相殺することはできないが、差押え以前に貸し付けた貸付金とは、相殺適状に達すれば相殺することができる（民法511条1項）。改正された民法は、差押えと相殺の優劣について、いわゆる無制限説（最高裁大法廷昭和45年6月24日判決・民集24巻6号587頁）を採用したと解されている。

　したがって、その相殺により、差し押さえた預金債権は、その範囲で消滅する。相殺の効力は、相殺の通知が相手方に到達したときに生じ、その通知の相手方は、滞納者と差押債権者のどちらでもよいとされている。

対策のポイント

　銀行は、定期預金を担保として貸付枠を設定している場合があり、貸付金額が貸付枠に達している場合には、差押えをしても実質的には相殺され、取り立てることができないことから、差押えはできない。しかし、租税の滞納額によっては、貸付金を相殺しても徴税できる場合があるため、貸付けがあっても差押えについて検討する。

被相続人名義の預金の差押え

滞納者の財産調査を行ったところ、亡くなった父親名義の預金があることが判明した。このような被相続人名義の預金の差押えはどのように行いますか？

A

従来、預貯金債権は、相続と同時に各共同相続人の相続分に従い当然に分割され、各共同相続人は、その相続分に応じて相続した預貯金につき、単独で金融機関に対し払戻請求を行うことができた（最高裁昭和29年4月8日判決・民集8巻4号819頁）。しかし、最高裁大法廷平成28年12月19日決定（民集70巻8号2121頁）は、「共同相続された普通預金債権、通常貯金債権及び定期預金債権は、いずれも、相続開始と同時に当然に相続分に応じて分割されることはなく、遺産分割の対象となるものと解する」と判示して、従来の解釈を変更した。

このため、相続預金の差押えに当たっては、相続関係を調査して、滞納者が遺産分割によって取得した額を確認の上、差押えをすることになるが、遺産分割が未了または不明であるときは、「滞納者が遺産分割で取得する額」として差し押さえることができる。

対策のポイント

金融機関は、遺産分割前は、原則として一部の相続人に対して払戻しを行うことはせず、また、遺産分割協議成立後は協議内容に従って払戻しを行う必要がある。したがって、遺産分割

協議や遺言によって相続人（滞納者）に預金債権が帰属していないことが確認できた場合には、租税の取立てに応じることはないのである。

　相続人は、平成30年民法改正により新たに設けられた預貯金の払戻制度を利用することも可能であるから、この預金債権の払戻し請求権を差し押さえることを検討する。

遺産分割前の預貯金の一部払戻制度に基づく 請求権の差押え

相続預金について遺産分割が未了である場合、共同相続人単独で当該預金の差押えはできますか。

A

　民法改正（平成30年法律第72号、令和元年7月1日施行）により、預貯金の払戻制度が創設された。この改正は、相続預金について遺産分割が終わる前でも、一定の範囲で預貯金の払戻しを受けることができるようにすることで、生活費、葬儀費用、相続債務の弁済などができるようにする趣旨に出たものである。

　具体的には、相続開始時の債権額の三分の一に法定相続分の割合を乗じた金額について当該相続人が単独で払戻請求をすることが認められている（民法909条の2）。ただし、一つの金融機関から払戻しが受けられる金額は150万円までとされている。

　したがって、この預金債権の払戻請求権を相続人の滞納処分として差し押さえることが可能である。この場合、被相続人が滞納者である場合には相続人に納税義務を承継した上で差押えをする（通則法5条）

具体例

　甲銀行に普通預金180万円、満期が到来した定期預金300万円、乙銀行に普通預金1,200万円があったとする。この場合、法定相続分が2の1である相続人は、甲銀行に対して普通預金30万円、定期預金50万円、乙銀行に対して普通預金150万円の範囲

内で、単独で権利行使することができることになる。

　したがって、当該預貯金の払戻請求権を差し押さえることが
できる。

Q61 預金の帰属認定

> 滞納者Aに対する滞納処分として、「Y損害保険代理店A」
> 名義の預金を差し押さえることができますか

A

　預金者の帰属認定に関して従来の学説では、自らの出捐によって
自己の預金とする意思で銀行に対し、自ら又は使者、代理人を通じ
て預金契約をした者が預金者であるとする客観説、預入行為者が特
に他人のために預金をする旨を明らかにしていない限り、預入行為
者が預金者であるとする主観説、原則として客観説によるが、預入
行為者が自己の預金であると表示したときには預入行為者が預金者
であるとする折衷説が対立するとされてきた。

　これに対して判例は、まず無記名定期預金について客観説に立つ
ことを明らかにした（最高裁昭和32年12月19日判決・民集11巻13号
2278頁、最高裁昭和48年3月27日判決・民集27巻2号376頁）。さら
に、記名式定期預金についても客観説を採用するに至った（最高裁
昭和52年8月9日判決・民集31巻4号742頁）。その根拠として指摘
されるのは、預金取引が定型的に大量に行われる窓口取引であり、
金融機関が預金名義人の実在性や預入行為者と預金名義人との一致
を調査せずに預金を受け入れるという取引実態の存在であった。

　ところが、最高裁平成15年2月21日判決（民集57巻2号95頁）は、
客観説に基づいた一般論を展開することなく、①金融機関であるY
との間で普通預金契約を締結して本件預金口座を開設したのは、A
である。また、②本件預金口座の名義である「X株式会社代理店A

株式会社Ｃ」が預金者としてＡではなくＸを表示しているものとは認められないし、③ＸがＡにＹとの間で普通預金契約締結の代理店を授与していた事情は、記録上全くうかがわれない。そして、④本件預金口座に通帳及び届出印は、Ａが保管しており、本件預金口座への入金及び本件預金口座からの払戻し事務を行っていたのは、Ａのみであるから、本件預金口座の管理者は、名実ともにＡであるというべきある。⑤受任者が委任契約によって委任者から代理権を授与されている場合、受任者が受け取った物の所有権は当然に委任者に移転するが、金銭については、占有と所有とが結合しているため、金銭の所有権は常に金銭の受領者（占有者）である受任者に帰属し、受任者は同額の金額を委任者に支払うべき義務を負うことになるにすぎない。このような個別事情を列挙して、Ｘの代理人であるＡが保険契約者から収受した保険料の所有権はいったんＡに帰属し、Ａは、同額の金銭をＸに送金する義務を負担することになるのであって、Ｘは、ＡがＹから払戻しを受けた金銭の送金を受けることによって、はじめて保険料に相当する金銭の所有権を取得するに至るというべきである。したがって、本件預金の原資はＡが所有していた金銭にほかならないとの個別的事情を列挙して結論を導いている。

その後、債務整理を受託した弁護士が自己名義の普通預金口座を開設し、委託者から預かった金銭を入金したという事案について、当該金銭が民法第649条の前払費用に該当することを前提としつつ、金銭の帰属、口座名義、口座管理の状況を考慮して、預金契約を締結した弁護士に預金債権が帰属するとした（最高裁平成15年6月12日判決・民集57巻6号563頁）。

債権の差押えは、第三債務者に対する債権差押通知書の送達によ

り行うこととされ（徴収法62条1項）、預金の差押えについては、預金の種類、預金原資の出捐者、預入行為者、出捐者の預入、行為者に対する委任内容、預金口座の名義、預金通帳及び届出印の保管状況等の諸要素を総合的に勘案し、誰が自己の預金とする意思を有していたかという観点から、その帰属を判断する実務取扱いとしている（徴収法基本通達62－17）。

対策のポイント

預金の差押えに当たっては、一時的には、滞納者の住所、氏名（名称）、生年月日によって、帰属を確認しているが、なかには、同一異人となる場合がある。そのため、二次的に最近数カ月の預金元帳、印鑑票、印鑑を確認することによって、慎重に、その帰属を認定する取扱いとしている。

Q62 敷金返還請求権の差押えと取立て

敷金の差押えは、どのようにして行うのですか。

A

(1) 敷金の性格

　敷金は、物の賃貸借の場合に賃料その他賃貸借契約上の債務を担保する目的で賃借人が賃貸人へ交付するもので、その返還請求権は賃貸借が終了したときに発生するが、その金額は、当初差し入れた敷金額からもそれまでの延滞賃料及び賃借人の債務不履行による損害賠償債務を控除した残額となる。したがって、敷金返還請求権の差押えは、将来賃貸借が終了したときに生ずべき返還請求権（停止条件付債権）として差し押さえる。

(2) 敷金返還請求権の発生時期

　敷金により担保されるのは、賃貸借上の一切の債務であり、具体的には未納賃料、賃貸借終了時から明渡しまでの間の賃料相当の損害金、原状回復費用、未納の水道光熱費等がこれに当たる。

　敷金返還請求権の発生時期については、賃貸借の終了時とする説（契約終了時説）と、賃貸借物件の明渡し時とする説（明渡し時説）とに分かれていたが、判例は次のとおり、明渡し時説を採っている。

　敷金は、賃貸借存続中の賃料債権のみならず、賃貸借終了後、家屋明渡義務履行までに生ずる賃料相当損害金の債権をその他賃貸借契約により賃貸人が賃借人に対して取得することのあるべき一切の債権を担保し、賃貸借終了後、家屋明渡しがなされた時に

176

おいて、それまでに生じた上記一切の被担保債権を控除しなお残額があることを条件として、その残額につき敷金返還請求権が発生するとし（最高裁昭和48年2月2日判決・民集27巻1号80頁、徴収法基本通達62-15）、賃借人の家屋明渡し債務は、特別の約定のない限り、賃貸人の敷金返還債務に対し先履行の関係に立ち、賃借人は、賃貸人の家屋明渡請求に対し敷金返還請求権をもって留置権ないし同時履行の抗弁を主張することはできない（最高裁昭和49年9月2日判決・民集28巻6号1152頁）として、明渡し時説を採っている。

　以上のとおり、賃貸借が継続している間、賃借人は敷金の返還請求権を有していないことから、敷金は、将来、賃貸借の目的物の明渡しの際に生ずべき返還請求権として差し押さえる。

対策のポイント

　賃貸市場の低迷により、敷金のない賃貸借契約が登場し、また、敷金は償却する旨の契約もある。ほかに、差し押さえるべき財産がない場合、敷金の返還請求権を差し押さえる場合があるが、生活困窮の事情がある場合には慎重に検討する。

Q63 自動継続特約付定期預金の差押えと取立て

滞納者の有する自動継続特約付定期預金を差し押さえました
が、満期日において支払請求をしなかった場合には、特約によ
り、自動的に、満期日が1年間延長されるのでしょうか。

A

自動継続特約付定期預金を差し押さえた場合には、差押えの時点
において、差押え後、最初に到来する履行期限である満期日におけ
る支払を請求するため、満期日は延期されることはない。したがっ
て、差押え時には、交付する債権差押通知書に記載する履行期日を
金融機関担当者に確認させ、その日に取立手続をすることができる
ように金融機関に伝えるとともに、①差押え後に到来する最初の満
期日当日に取り立て、②事前に、第三債務者である金融機関に取立
予定日を連絡しなければない。

対策のポイント

定期預金については、約款上満期前に解約できない契約とな
っていることから、預金者は、期限前の中途解約による払戻し
はできない（東京地裁平成10年12月24日判決）。

よって、差押債権者は、満期日に当該定期預金を取り立てる
ことになり、満期日までに納付に至った場合には差押えを解除
する。

債権差押えと被差押債権の時効の完成猶予及び更新

> 差し押さえた債権の時効は、その差押えによって完成猶予及び更新するのでしょうか。

A --

1　債権の差押えと時効の中断

　債権の差押えは、その差押えに係る租税についての時効完成猶予及び更新の効力は有するが（通則法72条 3 項、民法147条 2 項）、差し押さえた債権については催告としての効力を有しているにすぎないと解されている。

　したがって、滞納処分による債権差押えによって差し押さえた債権の時効を完成させないためには、債権差押え後 6 か月以内に裁判上の請求その他の行為（民法147条 1 項）をする必要がある（徴収法基本通達62-36）。

　なお、差し押さえた債権の時効の更新は、上記のほか、第三債務者が債権者に対して債務を承認することによって生じることから、「債務承認書」や「受領書」を記載させて、差押債権の支払について承認を得ることが一般的である（民法152条 1 項）。

2　時効期間の統一化

　旧民法では、債権の消滅時効は、原則として10年とされ、債権の種類に応じて、時効期間が区分されていた。例えば、商行為によって生じた債権の消滅時効は 5 年とされ（商法522条）、職業別に、 1 年ないし 3 年の短期消滅時効が設けられていた（旧民法170条ないし174条）。

新民法では、①債権者が権利を行使することができることを知ったときから5年間行使しないとき、②権利を行使できるときから10年間行使しないとき、債権の履行請求権は時効によって消滅する（民法166条）。

　この例外として、生命、身体の侵害による損害賠償請求権の時効期間の特例が設けられた。生命、身体の侵害による損害賠償請求権については、不法行為によるか債務不履行によるかを問わず、時効期間は、知った時から5年、権利行使可能持から20年に伸長されている

対策のポイント

　債権差押えは、第三債務者に債権差押通知書が送達したときに効力が生ずる（徴収法62条3項）。徴収職員又は徴税吏員は、差し押さえた債権の取立てをすることが前提となっている（徴収法67条1項）。そのため、第三債務者から差押債権の支払について、弁済額、弁済日を、「債務承認書」や「受領書」等の書面により確認し、支払管理を確実に行う。

生命保険の解約返戻金支払請求権の差押えと取立て

生命保険契約に係る解約返戻金支払請求権を差し押さえ、保険会社から取り立てるにはどのようにすればよいですか。

A

1　解約返戻金支払請求権の意義

生命保険契約は、保険会社が、保険契約者又は被保険者の生死に関して一定の金額を支払うことを約束して、保険契約者がこれに対してその報酬（保険料）を支払うことを約束することにより効力を生じる契約である（民法673条）。生命保険契約により発生する保険会社に対する債権には、保険金支払請求権、解約返戻金支払請求権、積立金払戻請求権、利益配当請求権等がある。

解約返戻金支払請求権は、保険約款により保険契約者が生命保険契約を解約した場合等の事由により発生するものである。したがって、保険契約の解約前においても、解約を停止条件とする条件付き権利として存在し、差押えをすることができる。

2　解約権行使の方法

生命保険契約の解約返戻金請求権を差し押さえた場合に、差押債権者がその保険契約を解約できるかどうかについては、債権者代位権の行使により解約できるとの考え方と、差押えに基づく取立権の行使として解約できるとの考え方があったが、最高裁は、「生命保険契約の解約返戻金請求権を差し押さえた債権者は、これを取り立てるため、債務者の有する解約権を行使することができる」として取立権の行使による解約を認めた（最高裁平成11年9月9日判決・

民集53巻7号1173頁)。

　上記最高裁判決を踏まえ、国税徴収法基本通達は、取立権の内容として、生命保険契約の解約返戻金請求権を差し押さえた場合には、差押債権者は、その取立権に基づき滞納者（契約者）の有する解約権を行使することができる旨定めている（徴収法基本通達67－6）。

3　介入権制度

　その後、平成20年に制定された保険法において、債権者等による生命保険契約等の解除に対し、保険金受取人の意思により保険契約を存続させる制度が創設された。具体的には、差押えに基づく取立権の行使などにより生命保険契約又は傷害疾病定額保険契約の解除の通知が保険者にされた場合には、その1か月後に解除の効力が生ずることとし、その間に保険受取人が解約返戻金相当額を差押債権者等に支払ったときには、その保険契約は存続することになる（保険法60条、89条）。この場合の保険金受取人の支払は、差押えの手続との関係においては、保険者による解約返戻金の支払とみなされる。

4　生命保険に対する滞納処分の在り方

　解約権の行使に当たっては、解約返戻金によって満足を得ようとする差押債権者の利益と保険契約者及び保険金受取人の不利益（保険金請求権や特約に基づく入院給付金請求権等の喪失）とを比較衡量する必要があり、例えば、次のような場合には、解約権の行使により著しい不均衡を生じさせることにならないか、慎重に判断するものとされている（徴収法基本通達67－6）。

①　近々保険事故の発生により多額の保険金請求権が発生することが予測される場合

② 被保険者が現実に特約に基づく入院給付金の給付を受けており、当該金員が療養生活費に充てられている場合
③ 老齢又は既病歴を有する等の理由により、他の生命保険契約に新規に加入することが困難である場合
④ 差押えに係る滞納税額と比較して解約返戻金の額が著しく少額である場合

対策のポイント

　生活保障的側面の強い生命保険金債権の差押えを行った場合には、できる限り滞納者の意思を尊重して、差押えから取立てまでについて、一定の期間を設けることにより、滞納者に生命保険契約を継続させるか又は消滅させるかの選択権の行使を認めるべきである。

差押債権の取立て

> 徴収職員は、第三債務者に対してどのような方法により取立てますか。

A

1 取立権の取得

　取立ての方法により換価する財産が債権として差し押さえたものに限らないが、この取立権の内容は、被差押債権の本来の性質・内容に従って取り立てる権能である（取立の目的を超える行為——たとえば、免除、弁済期の変更等——は許されない）。その意味では、滞納者が被差押債権の「債権者」として有する権限のうちの取立権能と内容的には同じものであるが、その取立権自体は、徴収職員に創設的に付与されたものである。したがって、取立権の行使は、滞納者の代理人または承継人として取り立てるものではなく徴収職員の名において取り立てるものである。この取立権の取得によって徴収職員は取立てのために必要な権利を行使することができる（徴収法67条）。

2 取立ての方法

　被差押債権の取立てに当たっては、徴収職員は、第三債務者に対してその履行を請求するが、第三債務者が任意に履行しないときでも、第三債務者の財産について滞納処分をすることはできない。一般私法関係における取立手続に従って、その債権取立てのために必要な措置、たとえば、督促命令の申立て又は給付の訴えの提起、配当要求、破産手続又は会社更生手続への参加、担保権の実行（執行

法等に基づく実行）、保証人に対する請求等の措置を講ずることになる。

　なお、有価証券に係る金銭債権の取立てにあたっては、その有価証券に「国税徴収法第56条第1項の規定により差し押さえ、同法第57条第1項の規定により取り立てのための委任する」旨の記載をし（徴収職員が署名押印する）、①小切手又は手形は、納付委託の場合に準じ、金融機関を通じ取り立て、②これ以外の有価証券は、それを支払人に呈示し、直接取り立てる実務が行われている。

3　履行の場所と費用

　イ　履行の場所　　被差押債権の履行の場所は、①法令の規定、行為の性質、取引の慣行又は当事者の意思表示によって定められているときは、その定められている場所、②前期①以外の場合には、特定物の引渡を目的とする債務については債権発生の当時その物の存在した場所、それ以外の給付を目的とする債務は債権者の現住の場所（商事債務については営業所、それがないときは住所）である（民法484条、商法516条）。なお、被差押債権が持参債務であるときは、徴税機関の所在地が履行場所になる。

　ロ　履行の費用　　被差押債権の履行費用の負担は、特約がある場合にはその特約に従い、特約がない場合には、①取立債務の場合には滞納者が、②持参債務の場合には第三債務者が負担する（民法485条本文参照）。

4　弁済委託

　第三債務者は、被差押債権の履行のために、特定の有価証券をもって、弁済の委託をすることができる（徴収法67条4項、73条5項、

73条の２第４項)。この弁済委託については、納付委託に関する規定が準用されている。

　なお、弁済委託にあたり、その委託有価証券の取立期限が被差押債権の弁済期後となるときは、第三債務者は、滞納者の承認を受けるとともに、その承認を受けたことを証する書面を提出しなければならない（徴収令29条）。この滞納者がした弁済期限の猶予は、当然には差押えに対抗できないが、それを認容し、弁済委託を受けることは妨げられない。

対策のポイント

　第三債務者が負担すべきでない履行費用を、第三債務者が支出し、その費用を債務の額から差し引いて履行した場合は、その費用に相当する額を滞納処分費として支出せず、第三債務者に対してはその費用に相当する額の履行の請求をしない実務取扱いがされている（徴収法基本通達67―10）。

Q67　給与債権について強制執行と滞納処分とが競合した場合の処理

　滞納者の給与債権を差し押さえるため、給与支払者に債権差押通知書を送付したところ、裁判所から債権差押命令を受領している、どちらにいくら支払えばよいかとの問合せがあった。この場合、給与支払者にどのように回答すればよいでしょうか。

A

1　差押えの競合の有無及び競合する金額

　給与手取額が40万円、生計を一にする親族 1 人である事例において、滞納処分による差押可能額は20万4,000円、民事執行法上の差押可能額10万円となり、給料債権のうち、20万円4,000円の範囲内において滞納処分による差押えと強制執行による差押えとの競合が生じる（滞調法36の 4 ）。しかしながら、民事執行法上では差押禁止部分について差押えの効力を拡張することはできないため、結局、給料債権のうち10万円について差押えが競合し、10万4,000円については滞納処分による単発の差押えがされた状態となり、残りの19万6,000円は滞納者に支給されることになる。

2　第三債務者が供託すべき金額

　債権について強制執行による差押えの後に滞納処分による差押えがされた場合には、第三債務者は、債権の全額に相当する金額を供託する必要がある（滞調法36の 6 ）。供託すべき金額は、差押えが競合する部分の金額10万円となる。

　なお、滞納処分による差押えのみがされている部分については、第三債務者は徴収職員に弁済することとなり、また、差押禁止額の

部分については、第三債務者は滞納者に支給することになる。

3　租税債権の配当

供託された金額については、滞納処分と強制執行等との手続の調整に関する法律第36条の10の規定により差押えの時に交付要求をしたものとみなされ、租税債権は、その優先順位に従って当該供託金のなかから配当を受けることができる。

対策のポイント

民事執行された給料債権に対して滞納処分による差押えをした場合には、給与の差押禁止額に差異がある結果、競合した金額については、第三債務者の供託義務が定められている。また、供託金について租税債権者が優先して配当を受けるので、民事執行がされた場合には、差押えをしたうえで、執行裁判所から配当を受ける。

第 **9** 章

不動産の差押え

差し押さえた無体財産権のうち取り立てることができる債権

第三債務者等のある無体財産権等に係る債権はどのように取り立てるのでしょうか。

A ---

　第三債務者等がある無体財産権等を差し押さえた場合には、その差押えの効力は、その差押財産が変化して生じた債権に及ぶとともに、その債権の取立てをすることができる（徴収法73条5項、73の2第4項）。この差押えの効力が及ぶ債権としては、各種の持分を差し押えた場合における持分の払戻請求権、残余財産の分配請求権、ゴルフ会員権を差し押さえた場合における「据置期間」後、退会時の預託金返還請求権、信託の受益権に係る受益債権がその主要なものである（徴収法基本通達73−59）。利益（剰余金）の配当請求権に持分差押えの効力が及ぶかどうかは疑問であるとされており（消極に解するのが妥当であろう。）、実務取扱いとしては、持分とは別個に差し押さえることとされている（徴収法基本通達73−14）。

対策のポイント

　ゴルフ会員権の差押えの効力は、預託金返還請求権にも及ぶことから、別個に債権差押えの手続をとることなく規約等に定めるところによりその取立てもできる。そのため、ゴルフ場及びその付属施設の優先的利用権及び預託金返還請求権にも差押えの効力が及んでいることを差押財産欄に明示する。例えば、次のとおり。

「滞納者がＡゴルフ会社（第三債務者等）に対して有するＡカントリークラブの下記個人正会員権（Ａカントリークラブのゴルフ場及び付属施設の優先的利用権並びにＡゴルフ会社に預託した金100万円の返還請求権）

記

1　第三債務者等　Ａゴルフ会社

2　登録者氏名　　甲（滞納者）

3　その他（登録番号、登録年月日）」

競売開始決定された不動産の差押え

> 滞納処分が先行する不動産に対して強制執行が続行された場
> 合と、強制執行による差押えが先行する不動産に対して滞納処
> 分がされた場合の手続はどのようになりますか。

A

1　滞納処分が先行する不動産に対して強制執行がされた場合

(1)　強制執行による差押え（強制競売の開始決定）は、滞納処分
による差押えがされている不動産に対してもすることができる
（滞調法12条1項）。裁判所書記官は、強制競売の開始決定があ
った旨を徴収職員、徴税吏員その他滞納処分を執行する権限を
有する者（以下「徴収職員等」という。）に通知しなければな
らない（滞調法12条2項）。

(2)　強制執行の続行

　イ　続行決定の申請

　　　後行の強制執行による差押債権者又は執行力ある正本によ
る配当要求権者は、相当の期間内に滞納処分による売却がさ
れない場合において、すみやかに売却すべきことを徴収職員
等に催告したにもかかわらず、その催告の効果がないときは、
裁判所に強制執行続行の決定の申請をすることができる（滞
調法17条で準用する同法8条）。

　ロ　続行の決定

　　　強制執行続行の決定の申請があった場合において、相当と
認めるときは、裁判所は、強制執行を続行する旨の決定をし

なければならない（滞調法17条で準用する同法9条1項）。
強制執行続行の決定の申請について、裁判所がそれを認容する決定をする場合には、あらかじめ徴収職員の意見を聞かなければならない（滞調法17条で準用する同法9条2項）。

ハ　続行決定の効果

強制執行続行の決定があったときは、後行の滞納処分とみなされる差押えに係る租税及びその滞納処分費並びにその他の徴収金（以下「租税等」という。）について、続行決定のあった強制執行の執行機関に対して、交付要求をしなければならない（滞調法17条で準用する同法10条3項）。この場合の交付要求をした租税等については、差押先着手による優先の規定（徴収法12条、地税法14条の6）が適用される（滞調法17条で準用する同法10条4項）。

(3)　執行裁判所に対する交付要求

不動産を目的とする担保権の実行としての競売手続において交付要求がされたときは、交付要求に係る請求権に基づき破産宣告前に国税徴収法または国税徴収の例による差押えがされている場合を除き、交付要求に係る配当金は、破産管財人に交付すべきものと解されている（最高裁平成9年11月28日判決・民集51巻10号4172頁）

私債権者の申立てにより別除権の行使として担保権の実行手続が開始された場合には、その執行機関に交付要求をすることとし、その場合においては、交付要求に係る配当金は破産管財人に交付され、破産財団から弁済又は配当を受けることとなる（徴収法基本通達47－43参照）。

2　強制執行が先行する不動産に対して滞納処分がされた場合

滞納処分による差押えは、強制執行による差押え（強制競売の開始決定）がされている不動産に対してもすることができる（滞調法29条1項）。

強制執行がされている不動産に対する滞納処分による差押えについては、特別の手続規定はなく、通常の差押えの場合と同様である。ただ、徴収職員等は、後行の差押えをした旨を、書面（滞調令19条参照）で執行裁判所に通知しなければならない（滞調法29条2項、35条）。

なお、不動産に対する滞納処分による差押登記の嘱託があった場合において、その財産について既に強制執行による競売申立ての登記があるときは、登記官は、その旨を徴収職員等に通知すべきこととされており（滞調令18条、24条）、これによっても、二重差押えになっているかどうかが（したがって、右の執行裁判所への通知を要するかどうかも）判明することになる。

対策のポイント

　強制競売の開始決定前に既に滞納処分による差押えがされている場合には、先行の滞納処分庁に対する参加差押えと執行裁判所に対する交付要求を行うことになる。このような場合には滞調法の適用はなく、先行の滞納処分が解除された場合に備えるものである。

Q70 滞納者名義の不動産の差押えと民法第94条第2項の類推適用

不動産の登記事項証明書の調査結果に基づいて、滞納者名義の不動産を差し押さえたところ、第三者から当該不動産は自己の所有である申し出がありました。差押えを解除しなければなりませんか。

A

不動産の登記には公信力はないから、滞納者に対する所有権移転登記が無効である場合には、真実の所有者は、所有権移転登記の無効を主張して差押えの解除を求めることができる。

しかし、無効原因が虚偽表示である場合には、虚偽の外観を信じた善意の第三者を保護するため、虚偽表示の無効は善意の第三者に対応することができないとされている（民法94条2項）。

滞納処分による差押えを行った租税債権者（徴収職員）についても、差押えを行った当時、当該不動産が滞納者に帰属するものではないと認識し得た場合を除き、民法第94条第2項が類推適用されると解されている（最高裁昭和62年1月20日判決・訟務月報33巻9号2234頁、橘著：最近の判例に学ぶ徴収実務94頁）。

したがって、徴収職員において、差押えの前に、登記が虚偽であることについて善意である場合には、差押えを解除する必要はない。

対策のポイント

租税債権者が善意である場合には、前記のとおり、保護されるが、逆に、悪意である場合は、民法第94条第2項の類推によ

る法的効果を対抗することはできない。仮装の登記名義による外観を作出することを合意したものは、民法第94条第2項の類推により、その外観を信じて取引関係に入った第三者に対し、その仮装であることを対抗できないものであり、その第三者には、徴税権の行使として差押えをする租税債権者も含まれる（東京地裁平成4年4月14日判決・判時1425号62頁）。

第10章

無体財産権の差押え

Q71　相続登記未了不動産の差押手続

　滞納者が相続した不動産が被相続人の登記名義のままである場合、差押はどのような手続で行えばよいでしょうか。

A

　不動産の差押えは、通常は登記簿（又は登録簿）の表示に基づいて行い、差押調書及び差押登記の嘱託書の記載は登記簿の表示と一致しなければその登記の属性は却下される（不動産登記法25条6・7号）しかし、実際には、事実と異なる場合がある。このような場合において、①その相違が軽微なもので、登記簿の表示に従って差し押さえても財産の同一性があるときは、その表示に従った差押手続をしてもよいが、②その相違が著しいため財産の同一性が問題になるときは、登記簿の表示を事実と一致させるよう修正したうえで、差押えの手続をとる必要がある。

　差押えの登記を嘱託する場合において、相続による権利移転の登記をしなければならない。

　したがって、相続登記がされていない場合は、差押登記の嘱託の前提として債権者代位による相続登記の嘱託を行い、相続人名義で差押え登記を行う。

対策のポイント

　不動産の相続の登記嘱託は、戸籍謄本、住民票を添付書類として相続登記をするものであが、当該不動産について指定相続が行われる場合があり、実務上は、相続税の申告書や分割協議

書を調査したうえで納税義務の承継手続を行う。

　よって、当該不動産を滞納処分のために相続登記をしたうえで差押えをする場合には、納税義務の承継のための調査を十分行い、慎重に行う必要がある。

Q72 ゴルフ会員権の差押え

> ゴルフ会員権の差押えは、どのように行えばよいのでしょう
> か

A

1 ゴルフ会員権の意義

　ゴルフ会員権には、①社団法人組織をとるゴルフクラブのゴルフ
会員権、②株主会員制によるゴルフ会員権、③預託金会員制のゴル
フ会員権があるが、③の預託金会員制のゴルフ会員権が徴収法73条
の第三債務者等がある無体財産権として差押えの対象となる。預託
金会員制のゴルフ会員権は、ゴルフ場を所有、経営する会社に対す
る契約上の地位であり（徴収法基本通達73-49）、その内容として
会員は、ゴルフ場施設を優先的に利用し得る権利及び年会費当納入
等の義務を有し、入会に際して預託した入会保証金につき、その据
置期間経過後に預託金返還請求権を行使することができる（最高裁
昭和50年7月25日判決・民集29巻6号1147頁）。

2 差押えの効力

　預託金返還請求権はゴルフ会員権の内容をなすものであり、ゴル
フ会員権の差押えの効力は、預託金返還請求権にも及ぶことから、
改めて差押えの手続をとることを要しない（徴収法基本通達73-
50）。ゴルフ会員権の差押えの効力は、預託金返還請求権にも及び
ことから、別個に債権差押えの手続をとることなく規約等に定める
ところによりその取立てもできる。そのため、ゴルフ場及びその付
属施設の優先的利用権及び預託金返還請求権にも差押えの効力が及

んでいることを差押財産欄に明示する。

対策のポイント

　ゴルフ会員権の会員権証書は有価証券ではなく証拠証券である（最高裁昭和57年6月24日判決・判例時報1051号84頁）。

　したがって、預託金の返還を求める際に預託金証書の提示及び交付をする必要はないが、預託金証書と引換えに預託金を返還する取扱いが一般となっていることから、差押えに際して債権証書として取り上げる必要がある。

第11章

差押えの解除

差押えの解除をしなければならない場合

差押えの解除は、どのような場合に行わなければならないのですか。

A --

次いずれかにが該当するときは、差押えの解除をしなければならない。

(1)　納付、充当、更正の取消しその他の事由により、差押えの基礎となった租税の全額が消滅したとき（徴収法79条1項1号）。

(2)　差押財産の価額が、その差押えにかかる滞納処分費と差押の基礎となった租税に優先する債権との合計額をこえる見込がなく、差押が無益なものとなったとき（徴収法79条1項2号）

(3)　第三者からの差押換えの請求を相当と認めた場合又は換価の申立てがあった場合で一定期間内に換価をしないとき（徴収法50条2項、4項）。

(4)　相続人からの差押換えの請求を相当と認めた場合（徴収法51条3項）、

(5)　滞納処分の停止をした場合（徴収法153条3項）

(6)　保全差押え又は繰上保全差押えをした場合において、担保を提供したとき又は一定の時期までに租税の額が確定しないとき（徴収法159条5項）、

(7)　審査請求がされた場合において、担保提供した上で差押えの解除を求めたときに不服審判所長がこれを相当と認め、徴収の所轄庁に対して差押えの解除を求めたとき（通則法105条6項）。

対策のポイント

　差押債権が取立不能であることが確定したとき等、差押財産
の金銭的価値が全く失われたときは、徴収法第79条第1項第2
号の無益な差押えに該当するものとして取り扱い、その差押え
を解除しなければならない。(徴収法基本通達79－6)。

差押えの解除ができる場合

> 差押えを解除することができるのは、どのような場合ですか。

A--

　次のいずれかに該当するときは、差押財産の全部又は一部について、差押えの解除ができる。

(1)　差押えの基礎となった租税の一部納付、充当、更正の一部取消し、差押財産の値上りその他の理由により、差押財産の価額が差押えの基礎となった租税とその租税に優先する債権の合計額を著しく超過すると認められるに至ったとき（徴収法79条2項1号）。

　　(注)　「その他の理由」とは①差押えに係る租税に優先する他の税又は公課の公布要求が解除されたこと、②差押えに係る租税に優先する債権が弁済されたこと、③差押財産の改良等によりその価値が増加したこと等をいう（徴収法基本通達79-7）。

(2)　滞納者が他に差し押さえることができる適当な財産を提供した場合において、その財産を差し押えたとき（徴収法79条2項2号。これは、実質的に差押換えの意義を有する）。

　　(注)　「適当な財産を提供した場合」とは、原則として換価及び保管又は引揚げに便利な財産であって、その財産を換価した場合の換価代金から滞納租税の全額を徴収することができる財産を提供した場合をいう（徴収法基本通達79-8-2）。

(3)　差押財産について、三回公売に付しても入札等がなく、さらに公売に付しても売却の見込みがなく、かつ、随意契約による売却の見込みがないと認められるとき（徴収法79条2項3号）。

(4)　換価の猶予をする場合において必要があると認めるとき（徴収

法152条2項、地税法15の5第2項)。

⑸　保全差押え又は繰上保全差押えをした場合においてその差押えの必要がなくなったと認められるとき（徴収法159条6項)。

⑹　納税の猶予をした場合で納税者から申請があったとき（通則法48条2項、地税法15の2第2項)。

⑺　再調査の請求人が担保を提供して差押えの解除を求めたとき（通則法105条3項)。

対策のポイント

　金銭債権の価値は、名目的な金額ではなく、第三債務者の資力によって定まる。第三債務者に弁済の資力がなく取立不能と認められる場合は、債権の差押えを解除する（徴収法基本通達67－11)。

Q75　任意売却による差押解除請求への対応

> 滞納者から差押中の不動産を売却し、代金から租税を納付するため差押えを解除してほしいと申し出がありました。差押解除はできるのでしょうか。なお、納税できる金額は配当見込額以上ではあるが租税の全額には満たない。

A

　差押えの解除は、原則として滞納国税が完納とならない限り、することはできない（徴収法79条1項）。

　滞納者から滞納者自らが差押財産を任意に売却し、その売却代金をもって租税の全額又は一部の納付に充てることを条件とする差押解除の申立て（以下「任意売却の申立て」という）があった場合の国税の実務取扱いは、①差押財産を換価に付しても入札又は買受申込がない場合等に該当すること、②差押財産を売却した代金（以下「任売代金」という）が差押財産の時価以上の金額であること、③滞納者が任売代金で滞納国税を納付すること、④その滞納国税への納付額は任売代金を国税徴収法第128条第1号の「差押え財産等の売却代金」とみなした場合における国税への配当が見込まれる額以上であること、⑤徴収上弊害がないと認められること、のいずれも充足する場合は、滞納者の申立てに基づき、たとえ任売代金による納付によっても滞納国税が完納しないときであっても、「国税徴収法79条2項2号に該当するもの」として差押えを解除できることとしている（徴収法基本通達79-8-2なお書）。

対策のポイント

　任意売却による差押えの解除が認められるのは、極めて限定的である。その要件に該当しないと判断される場合には、「差押え登記の抹消には滞納国税の完納が必要である」との前提に立って滞納整理を進める必要がある。

第**12**章

交付要求・参加差押え

交付要求の要件、手続

交付要求は、どのような場合に行うことができるのですか。
また、どのようにして行うのですか。

A

1　意義

交付要求は、滞納者の財産に対して強制換価手続が行われた場合
において、その手続から滞納国税への交付（配当）を求める手続で
ある（徴収法82条 1 項、地税法331条 4 項等）。

なお、交付要求は、滞納処分の一種であるが、自ら強制的に滞納
租税の徴収を実現させるものではなく、この点において差押え、換
価及び配当と異なる。

2　要件

交付要求ができる要件は、①滞納者の財産につき強制換価手続が
行われた場合であること、②滞納となっている租税があること、で
ある（徴収法82条 1 項、地税法331条 4 項等）。

イ　強制換価手続の意義　　強制換価手続とは、滞納処分（その
　　例による処分を含む。）、強制執行、担保権の実行としての競売、
　　企業担保権の実行手続及び破産手続をいい（徴収法 2 条11号）、
　　財産の保管・整理の方法として換価するいわゆる自助売却とし
　　ての形式的競売（民法258条 2 項等）は含まれない（徴収法基
　　本通達47－37注書）。

ロ　督促との関係　　交付要求ができる租税は、納付の期限まで
　　に納付されなかったもの──いわゆる滞納となったもの──で

あれば足り、その租税についての督促の有無を問わない。

3 手続

(1) 交付要求の方法

交付要求は、交付要求書（徴収令36条1項参照）を強制換価
手続の執行機関に交付することによって行う（徴収法82条1項。
なお、地税法331条6項等参照）。ただし、破産債権に該当する
租税債権の交付要求をする場合には、破産手続の執行機関であ
る破産管財人ではなく、その破産事件を取り扱う裁判所に交付
要求書を送達する（徴収法82条1項、破産法114条）。

(注) 最高裁は、滞納に係る租税の本税の金額が一部納付等により
減少した場合において、不動産競売の執行裁判所に対し、交付
要求書の本税の欄に交付要求時に存在する本税の金額を記載し、
延滞税欄には具体的金額を記載せず、「法律による金額・要す」
と記載して交付要求したときは、その効力は、交付要求時以前
に消滅した本税部分の金額に対応して計算される延滞税の金額
には及ばないとしている（最高裁平成9年11月13日判決・民集
51巻10号4107頁）。

(2) 滞納者等への通知

イ 滞納者への通知　交付要求をした場合には、滞納者に対
し、その旨を書面（徴収令36条2項参照）で通知しなければ
ならない（徴収法82条2項）。

ロ 質権者等への通知　交付要求をした場合には、交付要求
に係る財産上の知れている質権者等に対して、その旨その他
必要な事項を書面（徴収令36条3項参照）で通知しなければ
ならないが、その強制換価手続が企業担保権の実行手続又は
破産手続であるときは、この通知を要しない（徴収法82条3
項、徴収令36条4項）。

対策のポイント

　強制競売又は担保の実行としての競売に交付要求をした場合において、「配当期日呼出状、弁済金交付日通知書及び計算書提出の催告書」により、執行裁判所から計算書提出の催告を受けたときは、催告書が送達されてから1週間以内に「債権計算書」を執行裁判所に提出する（民事執行規則60条）。

参加差押えの要件、手続

参加差押えは、どのような場合に行うことができるのですか。
参加差押えは、どのようにして行うのですか。

A --

1 意義

　参加差押えは、交付要求の一つとして行われるものであり、先行
の差押えにより換価がされた場合の配当を受ける効力や時効の完成
猶予の効力は交付要求（狭義）と同様である。しかし、交付要求
（狭義）の場合には、先行の差押えが解除されたときにはその効力
を失うこととなるのに対し、参加差押えの場合は、先行の差押えが
解除されたときは、参加差押えをしたときに遡って差押えの効力が
生じ、その後はその差押えに基づきその財産の換価処分ができるこ
ととなる。

2 要件

　参加差押えができる要件は、①滞納者の財産につき滞納処分が行
われた場合であること、②滞納となっている租税につき差押えがで
きる場合であること、③滞納処分による差押えが特定の財産に対し
て行われていること、である（徴収法86条１項、地税法331条５項
等）。

　参加差押えができる財産は、①動産、②有価証券、③不動産、④
船舶、⑤航空機、⑥自動車、⑦建設機械、⑧小型船舶、⑨電話加入
権に限られる（徴収法86条１項）。これ以外の財産については、単
純な交付要求をし、あるいは二重差押えをすることになる。

3　手続

(1)　参加差押えの方法

　　参加差押えは、参加差押書を滞納処分の行政機関等（徴収法2条13号参照）に交付することによって行う（徴収法86条1項、地税法331条5項等）。

(2)　滞納者及び質権者等への通知

　　参加差押えをした場合には、交付要求の場合と同様、①滞納者、②質権者等に対して、書面で通知しなければならない（徴収法86条2項前段、86条4項。なお、これらの書面の記載事項については、徴収令38条参照）。

(3)　第三債務者への通知

　　電話加入権について参加差押えをした場合には、第三債務者（NTT）に対して、書面（徴収令38条、38条3項参照）により通知しなければならない（徴収法86条2項後段）。この通知は、参加差押えが後日差押えに転換した場合に意味をもつことになる。

(4)　登記の嘱託

　　参加差押えをした財産が不動産、船舶、航空機、自動車、建設機械及び小型船舶であるときは、参加差押えの登記（又は登録）を関係機関に嘱託する（徴収法86条3項）。この参加差押えの登記は、参加差押えの効力要件ではないが、参加差押えが後日差押えに転換した場合にその差押えを第三者に対抗するためのものである。

(5)　参加差押えができる終期

　　参加差押えは、広義の交付要求の一種であるから──狭義の

交付要求の場合と同様——先行の滞納処分による売却決定の日の前日まで、することができると解される。

対策のポイント

　平成31年の税制改正において、滞納処分の処理促進を図る観点から、参加差押えをした行政機関による換価の実施の見直しが行われ、平成31年1月1日から施行されている。

　この換価制度の見直しでは、参加差押えをした税務署長（以下「参加差押税務署長」という。）は、参加差押えに係る不動産について、差押えをした行政機関等（以下「差押行政機関等」という。）に換価の催告をしてもなお換価が行われない場合には、差押行政機関等の同意を得ることを要件として、配当順位を変更することなく、換価の執行をする旨の決定（以下「換価執行決定」という。）をすることができることになる。

　また、先行する差押えが解除された場合において、参加差押えをした行政機関等が、第二順位であるときは原則として換価を続行することができることとし、第三順位以降であるときは換価執行決定を取り消すこととされている。

破産手続開始決定と交付要求

官報公告により滞納者が破産したことが分かりました。交付
要求の手続はどのようにして行うのですか。

A

1　破産手続の開始

破産手続開始があった場合には、裁判所が租税債権の存在を知っ
ているときは裁判所から税務署長等に対して破産手続が開始された
旨の通知がされる。しかし、裁判所が租税債権の存在を知らないと
きは通知がないので、民間信用情報誌、官報公告に注意を払ってお
く必要がある。

2　交付要求の手続

交付要求は、強制換価手続の執行機関に対して、交付要求書を送
達することによって行う（徴収法82条1項）。この執行機関とは、
滞納処分を執行する行政機関、裁判所、執行官又は破産管財人をい
う。

(注)　交付要求書の「延滞税」欄の記載内容

執行機関が裁判所である場合のその裁判所に対して送付する交付
要求書の作成に当たり、本税が完納となっていない（本税の一部が
未納である場合を含む。）ため、延滞税（延滞金）の額が未確定であ
る場合の延滞税（延滞金）の記載は、（法律による金額）の下部に
「要す」と記載するとともに、交付要求書作成日現在において本税が
完納となったと仮定して計算した延滞税の金額を記載（かっこ書）
する。破産事件における破産管財人又は破産裁判所あての交付要求
書の延滞税欄は、1円単位まで記載することに留意する。

さらに、この場合には、備考欄に「「延滞税」欄の「要す」の記載

は、国税通則法所定の延滞税額の交付を求めるものである。また、（　）内の金額は、便宜、この交付要求作成日までのものを概算したものである。」旨を記載する必要があることに留意する（徴収法基本通達82－5）。

3　破産手続開始決定がされた場合の交付要求

　破産手続開始の決定がされた場合、財団債権に属する租税債権については、従来と同様、破産管財人に対して交付要求を行うことによって破産手続によらずに随時弁済を受けることになる（徴収法82条1項、破産法151条）。

　一方、破産債権に属する租税債権については、交付要求書により破産裁判所に対して債権の届出を行い、破産手続から配当を受けることになる（徴収法82条1項、破産法114条）。

対策のポイント

　破産手続開始後に新たな滞納処分を行うことの可否については、最高裁昭和45年7月16日判決・民集24巻7号879頁が消極説を採用していたことから、徴収実務でも、破産手続開始後は新たな滞納処分は行わず、破産管財人又は破産裁判所に対して交付要求することとされている（徴収法基本通達47－40）。

　破産財団が財団債権の総額を弁済するのに足りないことが明らかになった場合（いわゆる「財団不足」）における財団債権の取扱いについては、弁済していない債権額に応じて按分弁済することとされている（破産法152条1項）。

第**13**章

換価・配当

配当を受けることができる債権の範囲

滞納処分による配当手続により配当を受けることができる債権には、どのようなものがあるでしょうか。

A---

滞納処分による配当手続により配当を受けうる債権は、①差押えの基礎となった租税、②交付要求（広義）の租税及び公課、③差押財産上にある特定の担保権の被担保債権、④特別の前払借賃又は損害賠償に係る債権、に限られる（徴収法129条１項）。これ以外の債権は、それが無担保債権であると担保権付債権であるとを問わず、配当を受けることができない。

⑴　配当を受ける担保権

配当を受けうる担保権は、質権、抵当権、特定の先取特権（徴収法19条及び20条の先取特権。徴収法50条１項参照）又は留置権又は担保のための仮登記、仮登録により担保される債権である（徴収法129条１項３号）。担保のための仮登記又は仮登録により担保される債権に対する配当については、担保のための仮登記等に係る権利を抵当権とみなし、その仮登記がなされたときに抵当権が設定されたものとみなして配当を受けるべき債権との順位を決定する（徴収法129条４項）。

要するに、担保権でその登記のないものは、配当を受けることができない。その理由は、①徴税機関は滞納処分を行う行政機関であって、裁判所のように債権一般の配当の機関でないこと、②滞納処分手続においては、租税債権の迅速な満足を図る必要があること、

③滞納処分により差し押さえられた動産、不動産又は船舶については、滞調法の規定により二重差押えをすれば、滞納処分による差押財産の売却代金の残余金は、執行官又は裁判所を通じて、無担保債権者に対しても実質的に配当される途があること等によるものである。

(2) **特別の前払借賃又は損害賠償に係る債権**

(3) **残余金からの交付**

上記の配当を受けうる債権に配当した残余の金銭は、滞納者に交付するのが原則である（徴収法129条3項）。しかし、滞調法の適用がある場合には、それを執行官又は執行裁判所へ交付する。

対策のポイント

滞納処分による差押えの後に強制執行による差押えがあった場合において、滞納処分による換価代金等について滞納者に交付すべき残余が生じた場合には、徴税機関の長は、これを執行官又は執行裁判所に交付することとされており、執行官又は執行裁判所が交付を受けた金銭は、売得金又は売却代金とみなされ（滞調法6条1項、17条等）、債権者は、強制執行の手続により配当を受けられることになる。

配当と債権現在額申立書

> 　徴税機関の長は配当にあたって、どのようにして、配当を受けるべき債権者及び金額等の確認を行いますか。

A---

　徴税機関の長は配当にあたって、次のとおり配当を受けるべき債権者及び金額等の確認を行う（徴収法130条）。

1　債権の届出の催告

　配当を受けうる債権者に対しては、公売公告により一般的に債権届出の催告をする。実務上は、公売の通知をする際に、債権現在額申立書の用紙を同封する取扱いがされている。

2　債権現在額申立書の提出

　債権現在額申立書（徴収令48条1項）を提出をすべき期限は、①売却の方法による換価のときは売却決定の日の前日まで、②取立ての方法による換価のときは取立の日まで、である（徴収法130条1項、徴収令48条2項）。

　債権現在額申立書には、債権の元本及び利息その他の附帯債権の現在額、弁済期限その他の内容を記載し、これらの事項を証明する書類を添付するか、又は添付できないときは、その書類を税務署長に呈示するとともに、その写しを提出しなければならない（徴収令48条1項）。

3　債権の調査・確認

　徴税機関の長は、①債権現在額申立書の提出があった債権については、その申立書を調査して債権を確認するものとされ、②その提

出のない債権については、登記を要する担保権及び登記を要しない担保権その他の債権で知れているものに限り、職権により調査・確認するものとされている（徴収法130条2項）。

4　債権の届出がない場合の配当からの除外

　債権現在額申立書の提出が期限までにされない場合でも、その債権がすべて配当から除外されるわけではない。法律上は、登記（又は登録）を要しない担保権で徴税機関の長に知れていないものが、①売却の方法による換価のときは売却決定の時、②取立ての方法による換価のときは取立ての時までに債権現在額申立書を提出しない場合に限って、配当を受けることができないとされている（徴収法130条3項、徴収令48条2項後段）。しかし、実務上は、配当から除外されるものであっても、配当計算書謄本の発送時までに、知ることができたものは、配当に参加させる取扱いがされている（徴収法基本通達130－6）。

　⑴　債権現在額申立書が提出された場合

　　債権現在額申立書が提出されたときは、これを審査してその債権額を確認する。ただし、国税徴収法第129条第1項第3号又は第4号に掲げる債権で租税に優先するものがあるときは、債権の内容及び現在額を証する書面等により、これを確認する（徴収法基本通達130－4）。

　　なお、換価財産に係る質権等の被担保債権のうち、登記することができない質権等の被担保債権で知れていないものを有する者が国税徴収法第130条第1項に規定する期限の経過後売却決定の時（金銭による取立ての方法により換価するものであるときは、その取立ての時）までに債権現在額申立書を提出した

ときにおけるその債権の額の確認は、その提出した債権現在額
申立書によることとして差し支えない。

⑵　債権現在額申立書が提出されない場合

　　次に掲げる債権を有する者が債権現在額申立書を提出しない
ときは、その債権の現在額について適宜の調査を行い、これを
確認する。

　イ　登記がされた質権等の被担保債権

　ロ　登記することができない質権等の被担保債権で配当計算書
　　の謄本の発送時までに知れているもの

　ハ　差押え時に財産を占有していた第三者の損害賠償請求権又
　　は前払借賃に係る債権で配当計算書の謄本の発送時までに知
　　れているもの

対策のポイント

　債権現在額申立書が提出されない場合でも、債権の内容及び
現在額を証する書面等により、その債権の存否、金額、順位等
について確認する。債権の確認のため必要があるときは、その
必要と認められる範囲において、滞納者又は債権者に質問し、
又はその者の財産に関する帳簿書類（電磁的記録を含む。）を
検査することができる（徴収法141条）。

残余金の処理

> 差押財産を公売し差押租税等に充当した残余金の処理はどの
> ようにすればよいでしょうか。

A ---

　換価代金等の配当すべき金銭を配当すべき各債権者に配当した場
合又は差し押さえた金銭を租税に充てた場合において、その配当す
べき金銭に残余があるときは、その残余金は滞納者に交付する（徴
収法129条3項）。

1　特別な場合の残余金の交付先

　次に掲げる場合には、滞納者に交付すべき金銭をそれぞれ次に掲
げる者に交付する（徴収法基本通達129−7）。

　イ　滞納者につき破産手続開始の決定がされている場合には、破
　　産管財人（破産法78条1項）

　ロ　滞納者である株式会社につき更生手続開始の決定があった場
　　合には、管財人（会社更生法72条1項）

　ハ　滞納者につき民事再生手続開始の申立てがあった場合におい
　　て民事再生法第79条第1項の規定による保全管理人による管理
　　を命ずる処分があったとき又は滞納者につき民事再生手続が開
　　始された場合において同法第64条第1項の規定による管財人に
　　よる管理を命ずる処分があったときには、保全管理人又は管財
　　人（民事再生法81条1項、同法66条）

　ニ　滞納者が死亡し、相続人があることが明らかでない場合には、
　　相続財産管理人（民法953条）

　ホ　滞納者である株式会社につき、企業担保権の実行手続の開始
　　決定があった場合には、管財人（企業担保法32条1項）
　へ　滞調法の規定の適用がある場合には、その執行官又は執行裁
　　判所（滞調法6条1項、17条等）
　ト　滞納者が不在者（民法25条参照）に該当する場合には、管理
　　人（民法25条、28条）

2　換価財産について差押え後に権利の移転があった場合

　換価財産が差押え後に譲渡されている場合には、配当した金銭の
残余は、差押えをした時の所有者である滞納者に交付する（徴収法
129条3項、徴収法基本通達129−6(2)）。

3　換価財産について強制執行による差押え等がされている場合

　換価財産について、強制執行による差押え等がされている場合に
は、次に掲げるところによる（徴収法基本通達129−9、滞調法逐
条通達17−1、18−7、9）。

　イ　換価財産について、滞納処分による差押え後に強制執行によ
　　る差押え又は担保権の実行としての競売が開始されている場合
　　には、滞納者に交付すべき残余金は、執行官又は執行裁判所に
　　交付する（滞調法6条1項、11条の2、17条、19条、20条、20
　　条の8第1項、20条の10、20条の11第1項、滞調令12条の2、
　　12条の3第1項）。
　ロ　換価財産について、仮差押えの執行がされている場合には、
　　滞納者に交付すべき残余金は、執行官又は執行裁判所に交付す
　　る（滞調法11条1項、18条2項、19条、20条の9第1項、20条
　　の11第1項、滞調令12条の2、12条の4）。

対策のポイント

　滞納者が、残余金の受領を拒み、又は受領することができない場合には、残余金を弁済供託することができる（通則法121条、民法494条）

公売財産の権利移転の手続

公売財産の権利移転の手続は、どのようにして行われるのですか。

A--

買受人から買受代金の納付があったときは、①買受人への売却決定通知書の交付、②各種財産の権利移転手続、③換価に伴い消滅する権利の抹消登記手続をしなければならない。

1　売却決定通知書の交付

買受人が買受代金を納付した場合には、買受人に対して売却決定通知書を交付しなければならない（徴収法118条）。この売却決定通知書は、滞納処分による換価の事実を証するもので、売却決定をしただけでは足りず、買受代金の納付がされた後にはじめて交付される。

　イ　動産の場合　　換価財産が動産である場合には、売却決定通知書を交付しないことができる（徴収法118条ただし書）。これは、換価した動産の現実の引渡しがされたとき等、売却決定通知書を交付する実益がない場合にその交付を省略できる趣旨と解される。

　ロ　有価証券の場合　　換価財産が有価証券である場合には、その権利移転手続として引渡、裏書等の措置がとられるところから、売却決定通知書の交付の必要性がない（徴収法基本通達118-3）。

2　権利移転の手続

　換価した財産の権利移転の手続としては、①動産等の引渡し、②有価証券についての裏書等、③不動産等について権利移転及び消滅した権利の抹消の登記（又は登録）、④債権等についての第三債務者等に対する通知と債権証書等の引渡し、が必要である。財産権の種類によっては、これらの引渡、登記、通知のうちのいくつかの手続を必要とするものがある。

⑴　動産等の引渡し

　　換価した財産が①動産、②有価証券であるときのほか、徴収職員等が占有している③自動車、④建設機械、⑤小型船舶であるときは、徴収職員等は、これを買受人に引き渡さなければならない（徴収法119条１項）。この引渡しの方法には、イ　現実の引渡しとロ　指図による簡易な引渡しとがある。

イ　現実の引渡し　　徴収職員等が占有している動産等の換価財産は、次のロの場合を除き、現実に買受人へ引き渡さなければならない（徴収法119条１項）。

ロ　簡易な引渡し　　徴収職員等の占有に係る換価財産で、それを滞納者又は第三者に保管させているものは、売却決定通知書を買受人に交付する方法により引渡しをすることができるが、その売却決定通知書には、通常の記載事項（徴収令44条参照）のほか、①引渡しをする旨及び②保管者の氏名（又は名称）及び③住所又は居所を附記しなければならない（徴収令45条１項）。そして、保管者である滞納者又は第三者に対しても、書面により通知しなければならないが、その書面にも買受人に引き渡した旨等が記載される（徴収法119条２

項後段、徴収令45条２項)。

　　この簡易な引渡しは、民法第184条の指図による占有の移転に範をとった立法と推測され、この方法による引渡後の現実の処理は、買受人と保管者との間で行なわれることになる。

(2)　有価証券の裏書等

　　換価した有価証券を買受人に引き渡す場合には、その権利移転について裏書、名義変更又は流通回復の手続を要することがある（徴収法120条１項)。

　　この裏書等の手続は、①一定の期限を指定して（実務上は、おおむね５日以内とされている)、滞納者にこれらの手続を行わせるのが原則である（徴収法120条１項）が、②滞納者が期限までにこれらの手続をしないときは、税務署長等が滞納者に代わってその手続をする（同条２項)。後者については、たとえば、「国税徴収法第120条第２項の規定により滞納者何某に代わり、公売（又は随意契約）による買受人何某に譲渡する」旨を有価証券の裏面に記載し、税務署長がこれに署名（又は記名)・押印する等の方法をとることになる。

(3)　移転登記及び担保権等の権利の抹消登記

　イ　請求による移転登記　　換価財産がその権利移転につき登記を要するものであるときは、買受人の請求により、権利移転の登記を関係機関（差押登記の場合と同一機関である）に嘱託しなければならない（徴収法121条等)。

　ロ　消滅する権利の抹消登記　　換価による権利移転の登記が上記イによってされるときは、換価に伴い消滅する担保権その他の権利に係る登記は、併せてその抹消を関係機関に嘱託

しなければならない（徴収法125条等）。

　なお、その換価処分の前提となっている差押えの登記及び参加差押えの登記についても、その抹消登記を嘱託することになる。

　ハ　移転登記等の根拠法規　　換価に伴う権利移転の登記及び消滅する権利の抹消登記の根拠法規としては、①不動産登記法その他の法律に特別の定めがあるときはその定めるところに従い、②それ以外のものについては国税徴収法第121条及び第125条の規定による。前者の特別規定としては、不動産登記法第115条（公売処分による登記）、それを準用する船舶登記令第35条、建設機械登記令第16条、鉄道抵当法第77条ノ2等の規定がある。

　ニ　添付書類　　換価に伴う権利移転の登記及び消滅する権利の抹消登記の嘱託にあたっては、嘱託書の添付書類として、①買受人から提出された売却決定通知書又はその謄本、②配当計算書の謄本（これは消滅する権利の抹消に必要な添付書類である）、を必要とする（徴収令46条）。

(4)　第三債務者等への通知と債権証書等の引渡し

　換価財産が債権又は第三債務者等のある無体財産権等若しくは振替社債等である場合には、その第三債務者等に対して売却決定通知書を交付しなければならない（徴収法122条1項）。この第三債務者等への売却決定通知書の交付は、民法第467条の指名債権譲渡の対抗要件に相当するものであって、買受人への売却決定通知書の交付とはその性質を異にする。

　なお、徴収職員が取り上げて占有している債権証書等がある

ときは、それを買受人に引き渡さなければならない（徴収法
122条2項）。

(5)　権利移転手続の費用の負担

　　換価財産の権利移転に要する費用は、買受人の負担とされる
（徴収法123条）。この費用としては、①換価した有価証券の名
義変更料等の費用、②権利移転の登記（又は登録）をする場合
に納付すべき登録免許税、その登記の嘱託書の郵送料等の費用
がある。

　　なお、買受人は右の費用を前払する必要があると解される。

対策のポイント

　自動車については、買受人から提出があった売却決定通知書
又はその謄本を嘱託書に添付するほかに、自動車検査証の呈示
（道路運送車両法13条3項）、自動車保管場所証明書の添付（自
動車の保管場所の確保等に関する法律4条）が必要になる（徴
収法基本通達121－2(1)）。

　電子記録債権については、電子債権記録機関に対し、譲渡記
録を嘱託する必要がある（電子記録債権法4条、17条）。

　振替社債等については、振替機関等に対し、滞納者の口座か
ら買受人の口座への振替を申請する必要がある（社債・株式等
の振替に関する法律70、132等）。

国税と地方税の優劣

国税と地方税の優先劣後関係は、どのように調整されている
のでしょうか。

A --

国税と地方税とは原則として同順位であるが、滞納処分の先後な
どによる優先関係の調整が図られている。

1　差押先着手及び交付要求先着手による優先

租税相互間においては、直接の滞納処分費、特別の消費税等及び
担保権付の租税を除いて、先に執行に着手した租税が、その順序に
従って優先することを原則とする。したがって、差押租税は交付要
求租税に優先する（差押先着手主義——徴収法12条、地税法14条の
6）。

交付要求（広義）をした租税相互間ではその順序に従って優先権
を有する（交付要求先着手主義——徴収法13条、地税法14条の7）。

なお、同時の交付要求租税は同順位になる。同順位の場合におけ
る租税に配当する金額は、債権現在額申立書に記載されている税額
により按分計算する（徴収法基本通達13-2）。

これには、①譲渡担保財産の場合の特例及び②滞調法適用の場合
の例外があり、また、③強制換価手続が破産手続の場合には適用さ
れない。

2　担保を徴した租税の優先

担保を徴した租税は、直接の滞納処分費及び特別の消費税等を除
き、その担保財産の換価代金につき他の租税に優先して徴収する

（徴収法14条、地税法14条の８）。これは、租税の徴収の面からいえば、租税につき担保を徴したということはいわば差押えをしたのと同視できることから、差押先着手による優先の規定と平仄を合わせたものといえる。

　したがって、差押えに係る租税の法定納期限等が租税の担保権の設定より前であっても、担保を徴した租税が優先する。

(注)　先順位の担保権との関係　担保財産が納税者に帰属する財産において、担保を徴した租税と担保権付の私債権とが競合したときは、その租税は、担保権の優先権ほか、租税の優先権も主張することができるので、質権等の被担保債権は、その質権等の設定等の時期が租税についての担保権の設定の時期より早くても、租税の法定納期限等後である場合は、その租税に劣後することになる。

対策のポイント

　滞納処分による差押え後に、滞調法の規定による強制執行等の続行決定があった場合には、その差押えをしていた租税は、交付要求をすることになるが、差押先着手による優先徴収の規定が適用される（滞調法10条４項等）。

租税と抵当権の優劣

差押えに係る租税と抵当権の被担保債権の優劣は、どのように判定するのでしょうか。また、抵当権が設定されたまま財産が譲渡された場合、その財産の譲受人の租税と抵当権との優先関係は、どのようになるのでしょうか。

A

1 優先の要件

納税者が、①その財産上に租税の法定納期限等以前に抵当権を設定したものか、又は②その財産を納税者が譲り受けた時より前に成立したものか、のいずれかに該当する場合には、その租税は換価代金につき、その抵当権により担保される債権に次いで徴収する（徴収法16条、17条1項、地税法14条の10、14条の11第1項）。

(1) 法定納期限等以前の設定

租税の法定納期限等については前述したが、それ「以前」には、法定納期限等に当たる日が含まれる。したがって、その日に設定された抵当権も、法定納期限等以前に設定された抵当権として租税に優先する。

(2) 財産の譲受け前の設定

納税者が抵当権の設定されている財産を譲り受けたときは、譲受人である納税者の租税はその抵当権に劣後する。この場合には、抵当権設定の日と譲受人である納税者の租税の法定納期限等との先後は問わない。

なお、財産の「譲受け」とは、売買、贈与、交換、現物出資、代

物弁済等による財産の取得をいい、相続、合併及び分割による財産の取得を含まない。については、法定納期限等の定め方において、質権、抵当権を取得者がその取得の時に予測し得る租税のみが当該抵当権に優先するように配慮されているからである。

(3) 抵当権の設定の日

　　抵当権の設定の日は、設定の登記（又は登録）の日によるのであって、設定契約の日ではない。もっとも、抵当権設定の仮登記又は抵当権設定請求権保全の仮登記がされた場合において、その仮登記に基づく本登記がされたときのその抵当権の設定の時期は、その仮登記がされた日による。

2　根抵当権等の優先額の制限

　抵当権の被担保債権の元本額のうち、租税に優先する範囲は、その抵当権者が差押通知、交付要求・参加差押えの通知を受けた時における債権額を限度とする。ただし、その租税に優先する他の債権を有する者の権利を害することとなるときは、この優先額の制限規定は適用されない（徴収法18条1項、地税法14条の12第1項）。

(1) 差押通知等の後における被担保債権の増加

　　例えば、元本極度額100万円の根抵当で、差押通知時の現実の被担保債権が60万円の場合、その後40万円貸付をして100万円になったとしても、予測可能性の理論からすれば、その差押後の貸付分40万円を租税に優先させることは妥当でない。これが、優先額の制限規定を設けた趣旨であり、主として根抵当権を対象とした立法である。

　　このように、右の規定の趣旨は差押通知等の後の新たな債権を租税に優先させないところにあり、現行の実務は、差押通知

等の時における債権額をもって極度金額的に取り扱っている（徴収法基本通達18−1）。

(2) 差押え・交付要求の租税ごとの判定

差押え又は交付要求・参加差押えが競合して行われた場合には、その最初の差押通知等を受けた時の債権額をもってその後のすべての差押え又は交付要求・参加差押えとの関係における債権額の限度とするのではなく、それぞれの通知を受けた時の債権額を、それぞれの差押え又は交付要求・参加差押えに係る租税との関係において、租税に優先する債権額の限度とする。

3 債権額又は極度額の増額の登記と租税との優先関係

抵当権の被担保債権の債権額又は極度額を増額する登記がされた場合には、その登記がされた時において、その増額した債権額又は極度額につき新たに抵当権が設定されたものとみなして、租税との優先関係を判定する（徴収法18条2項、地税法14条の12第2項）。

増額登記の方法としては、主登記による場合と付記登記による場合とがある。主登記の場合は、その登記の日を設定の日とすることは当然である（法文上はこれも含めているかのごとくであるが、この規定がなくても当然である。）。付記登記の場合には、その順位が主登記の順位による（不動産登記法4条2項）ことになるが、それにかかわらず、予測可能性の理論との関係から、その付記登記がされた時に、その増額した債権額につき新たに抵当権が設定されたものとみなされる。

対策のポイント

保証契約に基づき発生する将来の求償権の担保のため、納税

者の財産上に根抵当権を有する場合において、差押通知等の時
に求償権が発生していないときは、右の優先額の制限規定を適
用すると根抵当権者は優先配当を受けられないことになる。と
ころが、この根抵当権者が信用保証協会である場合に限って、
一定の要件の下に、根抵当権の優先を認める実務取扱いがされ
ている（昭和42年10月17日付国税庁長官通達「信用保証協会が
有する将来の求償権担保の抵当権と国税徴収法第18条第1項の
適用に関する取扱いについて」参照）。

Q85 抵当不動産の賃料債権に対する物上代位

　不動産の賃貸料について、滞納処分による差押えと賃貸不動産の抵当権者による物上代位権の行使による差押えが競合した場合、優先関係はどのようになりますか。

A

　徴収法基本通達は、抵当権の物上代位の目的物に対する差押えと当該目的物に対する滞納処分による差押えとが競合した場合における優先関係は、抵当権の設定と差押租税の法定納期限の先後により判定すると定めている（徴収法基本通達16-4）。なお、差押租税の法定納期限等が抵当権の設定よりも後であったとしても、抵当権者が物上代位による差押えをするまでの間は、差し押さえた目的物を取り立てることができる。

　東京地裁平成11年3月26日判決（判時1692号82頁）は、抵当不動産の賃料債権について滞納処分による差押えと抵当権の物上代位による差押えが競合した場合の優先関係について、法定納期限等が抵当権設定後である租税債権は、抵当権によって担保される債権に劣後する旨を判示している（橘著「判例に学ぶ徴収実務」403頁）。

対策のポイント

　差押租税の法定納期限等が抵当権の設定よりも後であったとしても、抵当権者が物上代位による差押えをするまでの間は、差し押さえた目的物を取り立てることができる（東京地裁平成11年3月26日判決・判時1692号82頁）。

譲渡担保財産の範囲

譲渡担保財産とは、どのようなものをいうのでしょうか。

A---

　譲渡担保財産とは、納税者がその所有する財産を債権者又は第三者に譲渡し、その譲渡によって自己又は第三者の債務の目的となっている財産をいい、譲渡担保設定契約には、次のようなものがある。

　①売買の形式によって信用の授受を行い、信用を与えた者は代金の返還を請求する権利を有せず、信用を受けた者がそれを返還して目的物を取戻しうるもの（いわゆる売渡担保）

　②信用の授受を債権の形式で存続させ、信用を与えた者がその返還を請求する権利を有し、信用を受けた者がこれに応じない場合に目的物によって満足を得ようとするもの（いわゆる狭義の譲渡担保）

　③金銭債務の担保として、発生原因となる取引の種類、発生期間等で特定される金銭債権（将来生ずべき債権を含む）を一括して譲渡することとし、譲渡担保権者が第三債務者に対し担保権実行としての取立ての通知をするまでは、譲渡債権の取立てを債務者に許諾し、債務者が取り立てた金銭について譲渡担保権者への引渡しを要しないこととする債権譲渡担保設定契約（いわゆる集合債権譲渡担保設定契約）

　（注）　最近における譲渡担保に関する主な判例としては次のようなものがある。
　（1）　処分清算型の譲渡担保の場合においても、債権者が譲渡担保

財産を換価するまでは、譲渡担保財産を受け戻すことができる。ここで、換価するまでとは、対抗要件として登記を必要とするものについては、第三者への移転登記をするまでの間をいう（最高裁昭和50年11月28日判決・金法775号61頁）。

(2) 先順位の担保権が設定されている不動産の譲渡担保権者が換価権を行使する場合には、その清算金債権の有無及び数額を算定するにあたっては、目的不動産の価額から先順位の被担保債権額を控除したうえ、その残額と当該譲渡担保権の被担保債権額とを比較するのが相当である（最高裁昭和51年6月4日判決・金法798号33頁）。

(3) 債務者所有の不動産に設定された譲渡担保が帰属清算型である場合、債権者の支払うべき清算金の有無及びその額は、債権者が債務者に対し清算金の支払若しくはその提供をした時若しくは目的不動産の適正評価額が債務額（評価に要した相当費用等の額を含む。）を上回らない旨の通知をした時、又は債権者において目的不動産を第三者に売却等をした時を基準として、確定されるべきである（最高裁昭和62年2月12日判決・民集41巻1号67頁）。

(4) 一括支払いシステムにおける代物弁済条項（徴収法24条2項に基づく告知が発せられたときは、これを担保とした当座貸越債権は何らの手続を要せず弁済期が到来するものとし、同時に担保のため譲渡した売掛金債権は当座貸越債権の代物弁済に充てることなどを内容とする合意）は、国税徴収法第24条第2項の告知後に被譲渡担保債権が弁済以外の理由により消滅した場合には、なお譲渡担保財産として存続するものとみなす第24条

246

第5項の適用を回避するものであるから、同項の趣旨に反し効力は認められない（最高裁平成15年12月19日判決・判時1844号44頁、橘著「最近の判例に学ぶ徴収実務」434頁）。

(5)　国税の法定納期限等以前に、将来発生すべき債権を目的として、債権譲渡の効果の発生を留保する特段の付款のない譲渡担保契約が締結され、その債権譲渡につき第三者に対する対抗要件が具備されていた場合には、譲渡担保の目的とされた債権が国税の法定納期限等の到来後に発生したとしても、当該債権は「国税の法定納期限等以前に譲渡担保財産となっている」ものに該当する（最高裁平成19年2月15日判決・民集61巻1号243頁、橘著「最近の判例に学ぶ徴収実務」482頁。なお、対抗要件の具備について、最高裁平成13年11月22日判決・民集55巻6号1056頁、橘著「最近の判例に学ぶ徴収実務」442頁）。

対策のポイント

　譲渡担保財産が集合物である場合において、その担保権設定後その集合物に加えられた財産については、集合物として同一性がある限り、原則として、その譲渡担保権の効力が及ぶ（最高裁昭和62年11月10日判決・民集41巻8号1559頁、橘著「最近の判例に学ぶ徴収実務」473頁）。

Q87　仮登記担保財産に対する滞納処分

滞納者の所有する土地に、仮登記担保が付されているが、差押えはできますか？

A --

担保のための仮登記がある財産を差し押さえた場合において、その差押えの効力が発生した時が清算期間の経過前又は清算金の支払若しくは供託前であるときは、仮登記担保権者は、その仮登記に基づく本登記の請求をすることができないため、当該財産について滞納処分を続行することができることになる（徴収法52条の２）。

仮登記担保契約に関する法律（以下、「仮登記担保法」という。）では、仮登記担保は物権取得権として所有権を取得する機能は認めつつ、他方、強制競売等の手続においてはその順位に応じて配当を受けることとし、さらに、すべての仮登記担保は競落によって消滅することとして、これを担保権的に取り扱っている。租税と仮登記担保とが競合した場合の調整は、租税と抵当権とが競合した場合の調整に準じ、租税の法定納期限等と仮登記又は仮登録の時との前後により、優先劣後を判定する（徴収法23条）。

対策のポイント

滞納者の財産に所有権移転に関する仮登記（例えば、売買予約、期限付譲渡、買戻しの特約付の仮登記）があっても、本登記がされるまでは元の所有者の財産であるから、その者に対する滞納処分として差し押さえることができる。しかし、仮登記

に基づく本登記がされると仮登記の順位保全の効力により（不動産登記法106条）、本登記の順位は仮登記の順位によることとなるので、結果的に、その差押えは滞納者でない者の財産についてされたものと同様になり、差押解除手続をとることになる。

Q88 集合債権譲渡担保の第三者対抗要件

集合債権譲渡担保について対抗要件を具備するため、その債権譲渡の対抗要件（民法467条2項）の方法によることができますか。

A---

　集合債権譲渡担保の目的債権には、現在債権だけではなく、設定時には未発生の将来債権も含まれることになるが、集合債権譲渡担保が有効であるためには、目的債権が特定されていることになるが、集合債権譲渡担保が有効であるためには、目的債権が特定されているとともに、将来債権の譲渡が有効でなければならない。最高裁平成12年4月21日判決（民集54巻4号1562頁）は、債権譲渡の予約にあっては、予約完結時において譲渡の目的となるべき債権を譲渡人が有する他の債権から識別することができる程度に特定されていれば足りるとしている（橘著「最近の判例に学ぶ徴収実務」145頁）。最高裁平成11年1月29日判決（民集53巻1号151頁）は、複数年（8年3ケ月）にわたる将来債権の譲渡の有効性を認めている（橘著「最近の判例に学ぶ徴収実務」135頁参照）。

　集合債権譲渡担保の場合には、通常、譲渡担保設定者の正常な経営が続いている限りは、目的債権の取立ては設定者が行い、設定者について信用上の不安が生じたときに初めて、担保権者が担保権の実行として、これを取り立てる場合が多いと思われる。

　最高裁平成13年11月22日判決（民集55巻6号1056頁）は、このような場合の第三者対抗要件の具備方法について、債権譲渡担保の目

的債権である「既に生じ、又は将来生ずべき債権は、甲（譲渡担保設定者）から乙（譲渡担保権者）に確定的に譲渡されており、ただ、甲、乙間において、乙に帰属した債権の一部について、甲に取立権限を付与し、取り立てた金銭の乙への引渡しを要しないとの合意が付加されているものと解すべきである。したがって、上記債権譲渡について第三者対抗要件を具備するためには、指名債権譲渡の対抗要件（民法467条2項）の方法によることができるのであり、その際に、丙（第三債務者）に対し、甲に付与された取立権限の行使への協力を依頼したとしても、第三者対抗要件の効果を妨げるものではない」と判示し、取立権の所在について、いったん譲渡によって担保権者に移転したものが、契約当事者間の合意によって、設定者に付与されるとの構成が執られることを明らかにしている（橘著「最近の判例に学ぶ徴収実務」442頁）。

対策のポイント

　担保の目的でされた譲渡に係る権利の移転の登記が租税の法定納期限等以前であることについては、徴収職員等が登記により調査の上確認しなければならない。

Q89 譲渡担保権者の物的納税責任の追及

譲渡担保設定者の租税を譲渡担保財産から徴収するためには、
どのような手続が必要でしょうか。

A --

1 譲渡担保権者に対する告知等

納税者の租税を譲渡担保財産から徴収しようとするときは、譲渡
担保権者に対し、告知書により告知をしなければならない（徴収法
24条2項前段、地税法14条の18第2項前段）。この場合、告知書に
記載する「徴収しようとする金額」は、譲渡担保権者の物的納税責
任の規定の適用がある租税の全額であって、徴収不足の判定による
不足額には限定されない。

譲渡担保権者に対する物的納税責任の告知は、第二次納税義務の
場合の納付通知書による告知のように、租税債務を負わせるもので
はないが、物的責任 - 執行受任義務 - を負わせる効果を生じる。

物的納税責任の告知をした場合には、納税者に対して、その旨の
通知をしなければならない（徴収法24条2項後段、地税法14条の18
第2項後段。この通知書の記載事項については、徴収令8条2項、
地税令6条の8第2項）。また、国税の場合には、譲渡担保権者の
住所又は居所の所在地を所轄する税務署長に対しても、納税者に対
すると同様の通知をしなければならない（徴収法24条2項後段）。

2 譲渡担保財産に対する滞納処分

物的納税責任の告知書を発した日から10日を経過した日までに、
その徴収しようとする金額が完納されていないときは、督促をする

ことなく、譲渡担保財産につき滞納処分（差押え・交付要求等）を
することができる（徴収法24条3項前段、地税法14条の18第3項）。
ただし、右の10日を経過する日前に譲渡担保権者につき繰上請求
（又は繰上徴収）の事由が生じた場合には、直ちに滞納処分ができ
る（徴収法24条3項後段、地税法14条の18第4項）。

　譲渡担保財産の換価と納税者の財産の換価との順序に関する制限、
物的納税責任の告知又は告知に係る滞納処分に関する訴訟中の換価
制限については、第二次納税義務の場合と同様である（徴収法24条
3項後段、地税法14条の18第4項）。

3　譲渡担保財産を納税者の財産として行った場合の滞納処分の続行

　譲渡担保財産を納税者の財産として差押えをした場合において、
譲渡担保財産からの徴収の要件に該当するときは、その差押えを物
的納税責任に基づく譲渡担保財産に対する差押えとして、滞納処分
を続行することができる（徴収法24条4項前段、地税法14条の18第
5項前段）。本来ならば、譲渡担保財産であることが判明すれば、
その差押えをいったん解除し、物的納税責任の告知後に譲渡担保権
者の財産として再び差し押さえるべきものである。しかし、結果的
には同じく譲渡担保設定者の租税を徴収するために差押をするので
あるから、その手数を省略し、かつ、この手続とっている間にその
財産が処分されてしまうことを避けるために、滞納処分の続行がで
きる。

(1)　譲渡担保権者に対する告知、及び納税者に対する通知

　　譲渡担保財産を納税者の財産として差押えをした場合におい
　ては、遅滞なく、譲渡担保権者に対し、告知書による告知及び

納税者等に対する通知をしなければならない（徴収法24条4項後段、地税法14条の18第5項後段）。

(2)　第三債務者に対する通知

　　税務署長は、納税者の財産としてした差押えを譲渡担保財産に対する差押えとして滞納処分を続行する場合において、その譲渡担保財産が第三者の占有する動産又は有価証券であるときはその第三者に、また、債権又は第三債務者等のある無体財産権等であるときはその第三債務者に対し、滞納処分を続行する旨を通知しなければならない（徴収法24条5項、地税法14条の18第6項）。平成19年度税制改正において、納税者の財産として差押えを国税徴収法第24条第3項の規定による差押えとして滞納処分を続行する場合には譲渡担保権者に対する弁済禁止の効力が生じていることを了知する機会を与えるため、次に掲げる者に対し差押えとして滞納処分を続行する旨の通知を行うよう規定が整備された。

イ　第三者が占有する動産（船舶、航空機、自動車、建設機械、小型船舶を除く。）又は有価証券……動産又は有価証券を占有する第三者

ロ　債権（電話加入権、賃借権その他取り立てることができないもの、電子記録債権及び権利の移転につき登記を要するものを除く。）……第三債務者

ハ　国税徴収法第73条の規定の適用を受ける財産（財産の権利移転につき登記登録を要するものを除く。）……第三債務者又はこれに準ずる者

対策のポイント

　譲渡担保財産については、譲渡担保権者の滞納処分の対象となり得ることになるが、この場合、譲渡担保権者自身の税金と譲渡担保設定者（納税者）の租税とが競合した場合には、譲渡担保設定者の租税が優先するよう差押先着手及び交付要求先着手による優先規定の特例が設けられている（徴収令９条）。

第14章

納税義務の拡張

滞納者の死亡と納税義務の承継

滞納者が死亡した場合、その滞納租税はどうなるのでしょうか。

A

相続があった場合には、相続人は、被相続人に課されるべき、又はその被相続人等が納付し、若しくは徴収されるべき租税を納める義務を承継する（通則法5条1項、地税法9条1項）。

1　承継される租税

相続により承継される租税は、①被相続人などに課されるべき租税、②被相続人などが納付すべき租税、③被相続人などが徴収されるべき租税をいう。

被相続人などに課されるべき租税とは、相続開始時において、被相続人などにつき既にその課税要件を充足し、租税の納税義務が成立しているが、まだ申告、更正決定等の確定手続がなされていないことから、納税義務が具体的に確定するに至っていない租税をいい、今後において確定手続が行われるものである。

また、被相続人などが納付すべき租税、又は被相続人などが徴収されるべき租税とは、相続開始の時において、被相続人などに係る租税として既にその納付義務が具体的に確定しているが、まだ納付又は徴収がなされていない租税をいい、今後において納付又は徴収が行われるものである。

2　承継の効果

納付義務の承継があった場合には、相続人などは、被相続人など

が有していた税法上の地位を承継し、被相続人などの租税に係る申告、不服申立て等の手続の主体となり、また、税務署長等による税額確定処分等の相手方になる。したがって、税務署長等は、被相続人などに対して行った更正、決定、督促又は差押えに基づき、相続人などに対しそれぞれ必要な手続を進めることができる。

なお、この場合、相続人が単純承認しているときは、無制限に被相続人の納付義務を承継するが、限定承認をしているときには、相続人によって得た財産を限度として被相続人の納付義務を負う（通則法5条1項）。

3　共同相続人の承継

(1)　承継税額の按分

相続人が2人以上の場合における各相続人の承継する租税の額は、限定承認がされない場合には、民法第900条から第902条まで（法定相続分、代襲相続分、指定相続分）に定める相続分により、按分して計算した額になる（通則法5条2項）。

この場合において、基準となる相続分は、まず指定相続分、次いで法定相続分及び代襲相続分である。なお、これと異なる遺産分割が行われた場合にも、各相続人の承継税額は上記に定める相続分による。

(2)　納付責任

相続人が2人以上ある場合には、相続によって得た財産の価額が、この計算した承継税額を超える者があるときは、その相続人は、その超える価額を限度として、他の相続人が承継した税額を納付する責任を負うことになる（通則法5条3項）。

相続によって得た財産の価額とは、遺産分割が行われた後で

あれば、その遺産分割によって相続人が現実に得た財産の価額をいい、遺産分割前であれば総遺産の価額に相続人の相続分を乗じた額ということになる。

対策のポイント

　滞納者の死亡届が市区町村役場に提出された場合には、直ちに相続人の調査に着手して、納税義務の承継手続をすべきである。また、相続しない旨を主張する相続人には、相続放棄の手続を案内する。

　相続人の一人が他の相続人の租税を納付する場合には、第三者納付の方法により、出捐した者を明らかにするように留意する。

相続財産法人に対する滞納処分

　滞納者が死亡し、その相続人全員が相続放棄をした場合、滞納租税はどのように承継されるのでしょうか。

A

1　概説

　相続があった場合に相続人が被相続人の財産に属した一切の権利義務を承継することは、民法第896条の規定するところであり、納税義務の承継についても、同趣旨の規定が設けられている（通則法5条、地税法9条）。

2　納税義務を承継する者

　相続があった場合に被相続人の納税義務を承継するのは、①相続人（包括受遺者を含む）、②相続財産法人、である（通則法5条1項、地税法9条1項）。

　(1)　相続人

　　　相続人については、一定の相続順位が定められており、第一順位は子又はその代襲者（民法887条）、第二順位は直系尊属（民法889条1項）、第三順位は兄弟姉妹又はその代襲者（民法889条1項2号）であり、また、被相続人の配偶者は、上記の相続人と同順位で、常に相続人となる（民法890条）。

　　　なお、相続人の欠格事由（民法891条）に該当する者及び廃除（民法892条）をされた者は、相続人とはならないし、相続の放棄をした者は、初めから相続人とならなかったものとみなされ（民法939条）、納税義務の承継者とはならない。

⑵　相続財産法人

　　相続開始の時に相続人のあることが明らかでない場合には、相続財産が法人を構成し（民法951条）、この相続財産法人が被相続人の納税義務を承継する（通則法5条1項、地税法9条1項）。

　　なお、相続人のいることがわかっていて、その行方が不明の場合には、相続財産法人は構成されず、その行方不明の相続人が納税義務を承継することになる。

⑶　相続財産管理人

　　相続財産法人に納税義務を承継させた場合には、相続財産法人に対して滞納処分を執行することになり、相続財産法人は、滞納処分を受ける主体となり得ても実体がないため、相続財産を管理する相続財産管理人が滞納処分の当事者となる。したがって、滞納処分に関する書類は、すべて相続財産管理人の住所等に送達する。

　　また、家庭裁判所は、利害関係人等の請求によってこの法人の管理人を選任しなければならないが（民法952条）、相続財産管理人が定められていないときは、租税債権者は利害関係人の一人として、被相続人の住所地又は相続開始地を管轄する家庭裁判所へその選任を請求することができる。

　　なお、相続財産法人の登記のない不動産は、差押登記の嘱託の前提として、登記名義人を「亡（被相続人名）相続財産」とする表示変更登記の嘱託する必要がある。

対策のポイント

　相続人がないことが明らかな場合には、相続財産が法人を構成し（民法951条）、この相続財産法人が被相続人の租税を承継する（通則法5条1項、地税法9条1項）。家庭裁判所が選任した財産管理人が滞納処分の当事者となるため、財産管理人に対して滞納処分を執行する。

限定承認がされた場合の滞納処分

滞納者が死亡し、その相続人全員が限定承認をした場合、滞納処分はどのように行うのでしょうか。

A --

1　相続人に対する滞納処分

相続人が限定承認（民法922条）をした場合には、その相続人は相続によって得た積極財産の限度で納税義務を履行する責任を負う（通則法5条1項後段、地税法9条1項ただし書）。

したがって、相続人の固有財産については滞納処分をすることができず、相続財産について滞納処分をすることになる。しかし、この場合においても、納税義務は全額承継され、その責任が相続財産に限定されるにすぎず、相続財産と承継税額の差額は、いわゆる責任のない債務になり、滞納処分の停止の適用を待つこととなる。

なお、限定承認は、自己のために相続の開始があったことを知った時から、原則として3か月以内にしなければならず（民法915条）、相続人が数人であるときは全員が共同でする必要がある（民法923条）。また、相続財産の全部又は一部を処分したとき等には、単純承認をしたものとみなされる（民法921条）。

2　限定承認をした場合の清算手続と滞納処分

限定承認者は、限定承認をした5日以内に、一切の相続債権者及び受遺者に対して、限定承認をしたこと及び一定の期間（2か月以上の期間）内にその請求の申出をすべき旨を公告し（民法927条）、その期間内は、相続債権者及び受遺者に対して弁済を拒むことがで

きる（民法928条）。

　しかし、滞納処分による差押えは、これにかかわらず、催告申出期間内であっても、また、債権の申出をしなくても行うことができる（通則法基本通達5−21）。

対策のポイント

　被相続人の住所地の家庭裁判所で、限定承認の申述受理の調査を行う。限定承認をしたこと及び催告申出期間の公告を確認して、財産管理人に納付催告するとともに、滞納処分による差押えを行う。

Q93 連帯納付義務の制度

連帯納付義務とはどのようなものでしょうか。

A

　連帯納付義務とは、複数の納税者が、同一内容の租税の納付について、各自が独立して納付する義務を負い、そのうちの一人が納付すれば他の者の納付義務も消滅するというものである。

　この連帯納付義務には、共有物等に係る連帯納付義務（通則法9条、地税法10条の2、1項）、法人の合併等の無効判決に係る連帯納付責任（通則法9の2）、法人の分割に係る連帯納付責任（通則法9条の3）のように租税法上特有のものと、無限責任社員の第二次納税義務（徴収法33条、地税法11条の2）のように、私法上においても連帯関係にあるものとがある。

　相続税法第34条の連帯納付責任の規定は、相続税及び贈与税について、本来の納税義務者以外の者に対しても本来の納税義務者と連帯して納付する責任（連帯納付責任）を負わせることにより、徴収を確保しようとするものである。

　そして、同条第1項の連帯納付責任は、同法が相続税の徴収確保を図るため、相互に各相続人等に課した特別の責任であると解されており、その履行の前提となる連帯納付責任の確定は、各相続人等の固有の相続税の納税義務の確定という事実を照応して、法律上当然に生ずるものであるから、連帯納付責任につき格別の確定手続を要するものではないと解されている（最高裁昭和55年7月1日判決・民集34巻4号535頁）。

対策のポイント

　平成24年度税制改正においては、相続開始から長期間経過後
に相続税法第34条による連帯納付義務を追及される事案が生じ
ているという実態が確認され、連帯納付義務者にとって過酷と
なるケースの発生を防止する観点から、①申告期限から５年を
経過して通知をした場合、又は②担保を提供して延納の許可を
受けた場合、③納税猶予の適用を受けた場合には、連帯納付義
務を解除することとされた（相続税法34条１項）。

事業譲受人の第二次納税義務の成立要件

> 事業譲受人の第二次納税義務の成立要件はどのようなもので
> しょうか。

A--

1　意義

　事業の譲渡が行われる場合には、その事業用資産の権利が移転す
るほか、その事業にかかる債権債務も移転するのが通常である。殊
に、営業を譲渡した場合において、その譲受人が譲渡人の商号を続
用するときは、商号を信用する取引者を保護する見地から譲渡人の
営業によって生じた債務については譲受人もまたその弁済に任ずる
ことが会社法上規定されていた（会社法22条1項）。しかし、租税
については、このような場合に、たとえ当事者間において、譲受人
が租税の納付を約しても、自主納付のない限り、譲受人から譲渡人
の租税の強制徴収をすることはできない。

　したがって、事業の譲渡が納税者の特殊関係者に対して行われ、
かつ、その事業形態が譲渡前と同様である場合すなわち譲渡人と譲
受人との間に親近性が強く、かつ、外形的に事業の同一性を有する
場合に限定し、さらにその譲渡が納税者の事業に係る租税の法定納
期限の一年前の応答日後にされたときに限定して、譲渡人の租税に
つき譲受人に対し第二次納税義務を負わせることとして、徴税の適
正を期することとされた。

　なお、平成28年の改正において、事業譲渡の相手方が親族であれ
ば納税者と生計を一にしない場合も含めて第二次納税義務の対象と

されていたため、対象者の範囲が広範であるとして納税者の理解を得にくいと懸念されていた一方で、滞納者から同一生計内など親近な関係にある者に対して事業譲渡がされる場合において会社のHPや電話窓口等を変えることなく事務所のみを移転して事業を継続させる場合等においては第二次納税義務を求めることができないといった課題に対応し、事業に係る租税を滞納しているにも関わらず親近性の強い者に事業を譲渡するような悪質な事業譲渡や近年における事業形態の多様化に適切に対応する観点から、譲受人として対象となる者の範囲を限定した上で、事業の譲受人が同一とみられる場所において事業を営んでいるという要件を廃止するとともに、第二次納税義務の責任について譲受財産の価額を限度とすることとされた（徴収法38条、地税法11条の7）。

2　成立要件

　事業譲受人の第二次納税義務の成立要件は、①納税者が、租税の法定納期限の一年前の日後において、生計を一にする親族その他の特殊関係者に事業を譲渡したこと、②その譲受人が、同一又は類似の事業を営んでいること、③納税者が、譲渡した事業に係る租税を滞納していること、④納税者の財産につき滞納処分を執行しても、なお徴収すべき③の租税に不足すると認められること、である（徴収法38条、地税法11条の7）。

　(1)　事業の譲渡の意義

　　　事業の譲渡の意義について、法律上の定義はないが、一定の営業目的のため組織化され、有機的一体として機能する財産（得意先関係等の経済的価値のある事実関係を含む。）の全部または重要な一部を譲渡し、これによって、譲渡会社がその財産

270

によって営んでいた営業的活動の全部または重要な一部を譲受人に受け継がせることをいうが、一個の債権契約によらないものであっても、社会通念上同様と認められるものはこれに該当する。したがって、得意先、事業上の秘けつ又はのれん等を除外して、工場、店舗、機械、商品等の事業用財産だけを譲渡する場合には、事業譲渡には該当しない（徴収法基本通達38－9、最高裁昭和40年9月22日判決・民集19巻6号1600頁、最高裁昭和41年2月23日判決・民集20巻2号302頁）。

　平成17年改正前商法では「営業の譲渡」という文言であったが、会社法では「事業の譲渡」という文言に改められた。その理由は、他の法人法制との整合性を図りつつ商号との関係を考慮したためであると説明されており、実質的な概念に変更はなく、平成17年改正前商法における「営業」概念についての判例の見解は、そのまま会社法のもとでの「事業」概念についてあてはまるものである（橘著「第二次納税義務の実務」376頁）。

(2)　類似の事業

　「類似の事業」とは、譲り受けた事業につき重要な事業活動の施設又は態様の変更をその事業内容に加えることなく事業活動が行なわれているような場合の、その譲受け後の事業をいう（徴収法基本通達38－11）。

(3)　同一の事業等を営んでいるかどうかの判定時期

　譲受人が同一とみられる場所において同一又は類似の事業を営んでいるかどうかを、いつ現在の状況で判定するかについては、法律は特別の規定をおいていない。一般的にいって、第二次納税義務の成立要件の判定時期は、特別の規定ないし特別の

理由がない限り、納付通知書を発する時と解すべきであり、この要件の場合も同様である（事業譲渡の当時は改装のため休業していたが、納付通知を発する時には事業活動をしている場合等の事例を考慮する必要がある）。

2 納税義務を負う者

第二次納税義務を負う者は、納税者から事業の譲渡を受けた親族その他の特殊関係者である。

(1) 生計を一にする親族その他の特殊関係者

納税義務を負う親族その他の特殊関係者とは、次の者である（徴収令13条1項、地税令5条1項）。

① 納税者の配偶者（婚姻の届出をしていないが、事実上婚姻関係と同様の事情にある者を含む。これに対して国税徴収法75条1項1号の場合の配偶者は、「届出をしていないが、事実上婚姻関係にある者を含む」とされており、狭い感じを受けるが、両者ともいわゆる内縁の夫婦を指称していると理解すべきである）、直系血族及び兄弟姉妹で、納税者と生計を一にし又は納税者から受ける金銭その他の財産により生計を維持している者

② 配偶者、直系血族及び兄弟姉妹を除いた六親等内の血族及び三親等内の姻族で、納税者と生計を一にし、又は、納税者から受ける金銭その他の財産により生計を維持しているもの……この生計を維持するとは、給付を受けた金銭その他の財産及びそれらの財産の運用によって生ずる収入を日常生活の資の主要部分（実務上は、おおむね二分の一以上とされている）としていることをいう。

③　上記①及び②以外の納税者の使用人その他の個人で、納税者から受ける特別の金銭その他の財産により生計を維持しているもの……この場合の特別の金銭とは、給料、俸給、報酬、売却代金等の役務又は物の提供の対価として受ける金銭以外で、対価なく又はゆえなく対価以上に受ける金銭をいい、また、特別の財産についても、おおむねこれと同様である。

④　納税者に特別の金銭その他の財産（③参照）を提供してその生計を維持させている個人（①及び②に掲げる者を除く。）

⑤　納税者が同族会社（法人税法２条10号に規定する会社）である場合には、その判定の基礎となった株主又は社員である個人及びその者と①から④までのいずれかに該当する関係がある個人

⑥　納税者を判定の基礎として同族会社に該当する会社

⑦　納税者が同族会社である場合において、その判定の基礎となった株主又は社員（これらの者と①から④までに該当する関係がある個人及びこれらの者を判定の基礎として同族会社に該当する他の会社を含む）の全部又は一部を判定の基礎として同族会社に該当する他の会社……この「同族会社に該当する他の会社」とは、具体的には次頁の図のＡ１、Ａ２、Ｂ１、Ｂ２、Ｃ１、Ｃ２、Ｄ１、Ｄ２、Ｅ１及びＥ２の会社をいう（徴収法基本通達38－８）。

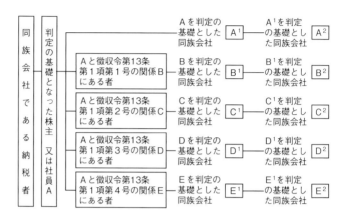

(注)1　上図のうちＡ、Ｂ、Ｃ、Ｄ及びＥは、国税徴収法施行令
　　　　第13条第１項《納税者の特殊関係者の範囲》第５号に該当
　　　　する。

　　　2　国税徴収法施行令第13条第１項《納税者の特殊関係者の
　　　　範囲》第７号かっこ書のうちの前者の「これらの者」とは
　　　　上図のＡをいい、後者の「これらの者」とは上図のＡ、Ｂ、
　　　　Ｃ、Ｄ及びＥをいう。

(2)　親族その他の特殊関係者の判定時期

　　親族その他の特殊関係者に該当するかどうかは、事業譲渡を
　した時の現況により判定する（徴収令13条２項、地税令５条２
　項）。したがって、たとえば事業譲渡を受けた時に配偶者であ
　れば、その後に離婚して親族その他の特殊関係者にあたらなく
　なっても、第二次納税義務の成立要件には影響がない。逆に、
　事業譲渡を受けた時は親族その他の特殊関係者にあたらなくて、
　その後に結婚して配偶者となっても、その者には事業譲渡によ
　る第二次納税義務を負わせることができない。

3　納税義務の範囲

　第二次納税義務の範囲は、譲受財産（取得財産を含む）の価額を限度として、その責任を負う（徴収法38条、地税法11条の７）。

　第二次納税義務の範囲は、この譲受財産とは、譲受けに係る事業に属する積極財産をいう（東京高裁平成23年２月22日判決、原審・東京地裁平成22年９月27日行集載）。また、譲受財産の価額とは、事業譲渡を受けた時における譲受けに係る事業に属する積極財産の価額をいう（徴収法基本通達38－17）。

　平成28年改正において、第二次納税義務の対象となる譲受人における責任限度について、それまでの譲受財産そのものを限度としていた範囲を拡充し、譲受財産の価額を限度とすることとされた。それまでは、事業譲渡に係る主要な財産である売掛金等について、短期間で回収され事業資金に費消されてしまう場合など第二次納税義務を求めることが困難となる場合があったが、この改正により、こうした場合も含めて、悪質な事業譲渡が行われた場合にも対応することができることとなった。

対策のポイント

　譲受人の第二次納税義務につきその滞納処分を執行する場合には、必ずしも、その譲受財産のみを目的とすることを要せず、譲受人の全財産のうちから、その価額を限度としてその目的財産を選択することができる。

Q95 **無償又は著しい低額譲受人等の第二次納税義務の成立要件**

無償又は著しい低額の譲受人等の第二次納税義務の成立要件はどのようなものでしょうか。

A --

1　意義

　納税者が、租税の法定納期限の1年前の日以後にその財産を無償又は著しく低い額の対価により譲渡している場合等には、その財産の譲受人等に対して第二次納税義務を負わせることができる（徴収法39条、地税法11条の8）。

2　成立要件

　無償譲受人等の第二次納税義務の成立要件は、①納税者が、その財産につき、無償又は著しく低い額の対価による譲渡、債務の免除その他第三者に利益を与える処分をしたこと（国及び公共法人に対するものを除く）、②この無償譲渡等の処分が、租税の法定納期限の一年前の日以後にされたものであること、③納税者が租税を滞納しており、その財産につき滞納処分を執行しても、なお徴収すべき租税に不足すると認められること、④この③の租税に不足すると認められることが、②の無償譲渡等の処分に基因すると認められること、である（徴収法39条、地税法11条の8）。

（1）　無償譲渡等の処分の範囲

　　譲渡とは、贈与、特定遺贈、売買、交換、債権譲渡、出資、代物弁済等、広く財産権の移転をいうが、相続等の一般承継によるものは含まない。

　第三者に利益を与える処分とは、譲渡及び債務の免除以外の処分で、広く第三者に利益を与えることとなるものをいい、たとえば、地上権、賃借権の設定等がある（徴収法基本通達39－5）。

（注）　滞納者を含む共同相続人間で成立した遺産分割協議において、滞納者である相続人にその相続分に満たない財産を取得させ、他の相続人にその相続分を超える財産を取得させるものであるときは、国税徴収法第39条にいう「第三者に利益を与える処分」に該当するとした判決がある（最高裁平成21年12月10日判決・民集63巻10号2516頁、橘著「判例に学ぶ徴収実務」609頁）。

(2)　著しい低額の対価による譲渡の処分の範囲

　対価が著しく低い額かどうかは、画一的に判断できるものではなく、当該譲渡行為について通常行われている取引行為との対比のなかで社会通念にのっとり低額かどうかを判定すべきである（徴収法基本通達39－7）。当該財産の種類、数量の多寡、時価と対価の差額の大小等を総合的に勘案して、社会通念上、通常の取引に比べ著しく低い額の対価であるかどうかによって判定する（広島地裁平成2年2月15日判決、福岡高裁平成13年11月9日判決、橘著「判例に学ぶ徴収実務」598頁）。

　また、一般に時価が明確な財産（上場株式、社債等）については、対価が時価より低廉な場合でも、その差額が比較的僅少であっても、「著しく低い額」と判定すべき場合がある一方、値幅のある財産（不動産等）については、対価が時価のおおむね2分の1に満たない場合は、特段の事情のない限り、「著しく低い額」と判定することに留意する（松江地裁昭和44年7月2日判決、東京高裁昭和48年11月29日判決、二次判例集〔62〕・

〔107〕事件参照）。

　なお、2分の1の基準は、2分の1を境に低額譲渡か否かを
峻別する趣旨ではなく、2分の1をある程度上回っても諸般の
事情に照らし、低額譲渡に当たる場合があることを明らかにし
ている（徴収法基本通達39－7(2)）。

(3)　無償譲渡等の処分と徴収不足との基因関係

　「徴収すべき額に不足すると認められること」（以下「徴収不
足」という。）が無償譲渡等の処分に「基因すると認められる
とき」とは、一般論としては、その無償譲渡等の処分がなかっ
たならば、現在の徴収不足は生じなかったであろう場合をいう
と解される（徴収法基本通達39－9）。

　徴収不足との基因関係については、①無償譲渡等の処分によ
り徴収不足となった場合で、その徴収不足の状態が、納付通知
書の発付時まで継続していることを要するとする見解、②現在
の徴収不足からさかのぼって無償譲渡等の処分は、すべて現在
の徴収不足と基因関係ありとすべきであるが、無償譲渡等の処
分により一時徴収不足となった後に徴収不足の状態が解消され
たときには、それ以前にされた無償譲渡等の処分については基
因関係が遮断されているとする見解、③現在徴収不足であれば、
過去における納税者の無償譲渡等の処分のすべてに基因関係が
あるとする見解が考えられる。

　実務上は、徴収不足である場合において納税者が滞納国税の
法定納期限の1年前の日後に無償譲渡等の処分をしているとき
は、当該無償譲渡の処分と徴収不足との間に基因関係があるも
のとし、当該無償譲渡等の処分をした後に、納税者がその国税

278

の総額を徴収できる財産を取得している場合には、当該無償譲渡等の処分について、基因関係がないものとして取扱って差支えないとしている（東京高裁昭和52年4月20日判決）。

3　納税義務を負う者

第二次納税義務を負う者は、無償譲渡等の処分により権利を取得し、又は義務を免がれた者である（徴収法39条、地税法11条の8）。この義務を免がれた者には、負うべき債務を免がれた者が含まれる。

4　納税義務の範囲

第二次納税義務の範囲は、第二次納税義務を負う者が、①滞納者の親族その他の特殊関係者の場合には、受けた利益の額、②第三者の場合には、受けた利益が現に存する額を、それぞれ限度として、主たる納税者の滞納租税の全額である（徴収法39条、地税法11条の8）。

(1)　親族その他の特殊関係者の場合の納税義務の範囲

滞納者の親族その他の特殊関係者の場合の第二次納税義務の限度である「受けた利益」とは、①無償譲渡等の処分により得た財産の価額から、②対価の額と利益を受けるために要した費用類の額、を控除した額である。

受けた利益の計算基礎となる財産（無償譲渡等の処分により取得した財産）の価額は、その対価を定めた時——通常は、その処分に関する契約成立の時——の現況によるその財産の価額とすべきである。

受けた利益の計算上控除する費用及びそれに類するものは、無償譲渡等の処分による財産の取得のために、直接関係のある費用（たとえば契約に要した費用）及びそれに類するものであ

る。そして、租税のうち、贈与税、不動産取得税、登録免許税はこの範囲に含まれるが、譲受人に課された固定資産税は──その性質からみて──控除しない、との実務取扱がされている（徴収法基本通達39－12(6)ロ）。

債務免除に伴う受けた利益の額は、一般的にはその債務額──名目金額──であるが、それでは結果として酷な場合がある。たとえば、第三債務者が無資力で全く取立見込のない債権は、その実際の価値は零であるから、その面からみれば、その債務の免除がされたときの受けた利益も、零と考えることもできる。そこで、債務免除による受けた利益の計算にあたっては、債務免除の時の現況において、その債権を換価するものとして評価した価額──第三債務者の支払能力、弁済期、担保の有無等を考慮して評価した価額──をもって「受けた利益」の額とする実務取扱がされている（徴収法基本通達39－4）。

(2) 第三者の場合の納税義務の範囲

滞納者の親族その他の特殊関係者以外の第三者の第二次納税義務の範囲である受けた利益の現に存する限度の算定については、原則として現在における受益財産の価額を基礎として算定すべきものである（徴収法基本通達39－12）。

無償譲渡等の処分により、滞納者から受けた利益が金銭である場合には、「利益が現に存する限度」の額は、受けた金銭の額から対価及び取得費用を控除した額である（徴収法基本通達39－13）。

無償譲渡等の処分により、滞納者から受けた利益が債務の免除である場合の受けた利益の額は、一般的にはその債務の額と

いえるが、債権の実質的な価値は、第三債務者の支払能力や弁済期等を考慮し、その債権を換価する場合と同様に、その債務が免除された時におけるその債権の価額を算定し、その額が受けた利益の額に当たるものとして、「利益が現に存する限度」の額を定めることとしている（徴収法基本通達39－14）。

　無償譲渡等の処分により滞納者から受けた利益が、地上権等の用益物権の設定、賃借権の設定、抵当権等の担保権の設定等である場合には、国税徴収法基本通達39－12に準じて「利益が現に存する限度」の額を定める（徴収法基本通達39－15）。

対策のポイント

　国税徴収法第39条の納税義務は、納税者の詐害行為又はこれに準ずる行為に対する租税の徴収を図ろうとするものである。滞納者が行った法律行為がその両者の適用要件を満たす場合には、原則として、まず、国税徴収法第39条の規定の適用の可否について検討する。

詐害行為取消権の追及

詐害行為取消権はどのような行為を取り消すのですか。

A

1 意義

詐害行為取消権は、債権者取消権とも呼ばれ、債務者の一般財産を保全するために、それを不当に減少させる債務者の行為の効力を否認して、一般財産から逸出したものを取り戻すことを目的とする制度である。この詐害行為取消権に関する民法第424条から第426条の規定は、租税の徴収に関しても準用されている（通則法42条、地税法20条の7）。

したがって、納税義務者がその財産を不当に減少させる行為を行った場合には、租税債権を保全するため、詐害行為取消権に基づき、その行為を取り消すことができる。

改正民法は、判例法理に加えて、平成16年に成立した新しい破産法の否認権に関する内容を踏まえ、①財産減少行為と、それよりも厳しい要件を課した、②相当価格処分行為、③偏頗行為という行為類型を定めた。また、①、③の複合型として、④過大な代物弁済がある。

さらに、改正民法は、転得者に対する詐害行為取消請求の要件を明確にするほか、詐害行為取消の効果については従来の判例の考え方を変更している。

2 詐害行為となる行為

詐害行為取消権の対象となる行為は、財産権を目的とする行為で

ある（民法424条2項）。

① 離婚に伴う財産分与として金銭の給付をする旨の合意は、民法第768条第3項の規定の趣旨に反してその額が不相当に過大であり、財産分与に仮託してされた財産処分であると認めるに足りるような特段の事情があるときは、不相当に過大な部分について、その限度において詐害行為として取り消されるべきであるとされた事例（最高裁平成12年3月9日判決・民集54巻3号1013頁、橘著「判例に学ぶ徴収実務」633頁）

② 遺産分割協議は、相続の開始によって共同相続人の共有となった相続財産について、その全部又は一部を、各相続人の単独所有とし、又は新たな共有関係に移行させることによって、相続財産の帰属を確定させるものであり、その性質上、財産権を目的とする法律行為であるということができるから、詐害行為取消権の対象となり得るとされた事例（最高裁平成11年6月11日判決・民集53巻5号898頁）。

③ 倒産会社がいわゆる任意整理の配当原資を確保するため弁護士に対してした債権の信託的譲渡が詐害行為に当たるとされた事例（東京地裁昭和61年11月18日判決・訟月33巻7号1862頁、橘著「判例に学ぶ徴収実務」644頁）

④ 新設分割は、一又は二以上の株式会社又は合同会社がその事業に関して有する権利義務の全部又は一部を分割により設立する会社に承継させることであり、会社法に基づく組織法上の法律行為であるが、新設分割会社がその事業に関して有する権利義務の全部又は一部を新設分割設立会社に承継させる法律行為でもあり、財産権を目的とする法律行為に当たり、詐害行為取

消しの対象となるとされた事例（福岡地裁小倉支部平成23年12月12日判決・訟月59巻5号1407号、控訴審・福岡高裁平成24年6月8日判決・訟月59巻5号1426号）

⑤　株式会社を設立する新設分割がされた場合において、新設分割設立株式会社にその債権に係る債務が承継されず、新設分割について異議を述べることもできない新設分割株式会社の債権者は、民法第424条の規定により、詐害行為取消権を行使して新設分割を取り消すことができると解され、この場合においては、その債権の保全に必要な限度で新設分割設立株式会社への権利の承継の効力を否定することができるとされた事例（最高裁平成24年10月12日判決・民集66巻10号3311頁、橘著「判例に学ぶ徴収実務」650頁）

⑥　デット・エクイティ・スワップ（債務の株式化）における債権譲渡の形式による債権の現物出資が詐害行為に該当するとされた事例（東京地裁平成21年12月15日判決・訟月57巻1号238頁、橘著「判例に学ぶ徴収実務」658頁）

対策のポイント

　滞納者が行った行為が、第二次納税義務の成立要件と詐害行為取消権の要件のいずれも満たす場合がある。この場合は、どちらの追及方途をとってもよいこととされているが、詐害行為取消権の行使は訴訟によることを要し、かつ、滞納者、受益者等の悪意の存在を立証しなければならない。

第15章

その他

Q97 消滅時効の完成猶予及び更新

滞納税金について督促状を発してから4年が経過しています
が、徴収権の消滅時効を完成猶予及び更新するためには、どの
ような手続をすればよいですか。

A

1　**租税の徴収権及び地方税の徴収権**——いわゆる賦課権を除いた
狭義の徴収権（確定した租税を徴収する権利。）——は、その権
利行使ができる時から5年間行使しないことによって、時効によ
り消滅する（通則法72条1項、地方税法18条1項）。この時効の
起算日について、租税法では原則的に「法定納期限」（通則法2
条8号、地方税法11条の4第1項参照）である旨を規定している
（通則法72条1項、地税法18条1項参照）。

なお、租税の徴収権の消滅時効については、若干の特別規定が
あるほか、民法の規定が準用されている（通則法72条3項、地税
法18条3項）。

2　民法の準用

租税の徴収権の消滅時効については、租税法に特別規定があるも
の（後記3参照）を除き、民法の規定が準用されるが、その主要な
事項は、次のとおりである。

改正民法では「中断」「停止」という表現を改め経過した時効期
間がリセットされ、新たにゼロから時効期間がスタートするという
「更新」と時効が完成すべき時が到来しても時効の完成が一定期間
猶予されるという「完成猶予」とに整理された。

(1) 時効の更新

　　時効の更新事由には、①請求、②差押え、③承認がある（民法147条、148条、152条）。そして、この請求に属するものとして、Ⓐ裁判上の請求、Ⓑ破産手続参加・再生手続参加又は更生手続参加がある。

イ　租税債権の確認の訴え　　租税債権については、自力執行権が付与されているところから、通常は「裁判上の請求」による時効更新の必要性がないが、他に時効更新の方法がないときは、租税債権の確認の訴え等による時効更新もできるとされる（東京地裁昭和39年3月26日判決・下民集639頁等）。

ロ　課税処分の取消訴訟の応訴　　租税の課税処分取消訴訟に応訴した場合、私法上の消極的確認訴訟の応訴による時効更新と同様に解し得ると解されている。

ハ　捜索　　財産差押えのために捜索をしたが、差し押さえるべき財産がないため差押えができなかった場合でも、捜索に着手した時に時効更新の効力が生ずる（徴収法基本通達142－11参照）。

ニ　第三者を手続の相手方とする差押え等　　差押え、仮差押え及び仮処分は、その手続が直接納税者に対してされないとき（例えば、譲渡担保権者の物的納税責任による譲渡担保財産の差押え等）は、それを納税者に通知した時に時効更新の効力を生ずる（民法154条）。

ホ　承認　　租税債権の存在を認識して、その認識を表示したと認めるに足りる行為は、すべて承認として時効更新の効力を生ずる（民法152条1項）。納税の猶予、換価の猶予の申請、納付

委託の申出はもとより、黙示の承認でもよい。

　　なお、租税の一部納付も、それが一部としての弁済であれば、残額についての承認となると解されている。

(2)　時効の完成猶予

民法では、時効完成の時に当たって天災その他さけることができない事変等の時効障害事由があり、権利者が更新措置をすることが困難なときは、時効の完成を猶予することとしているが、それには、相続財産に関する時効の停止（民法160条）、天災等の場合の時効の停止（民法161条）等がある。

改正民法では催告時から6か月を経過するまでの間は、時効は完成しないと規定され、差押え等により更新されない場合には、経過した日に時効が完成する（民法150条）

3　租税法の特別規定

租税の徴収権の消滅時効に関する租税法の特別規定としては、①時効の絶対的効力、②特別の時効の完成猶予及び更新事由、③猶予等の場合における時効の不進行がある。

(1)　時効の絶対的効力

租税の徴収権の時効については、その援用を要せず、また、時効の利益を放棄することもできない（通則法72条2項、地税法18条2項）。したがって、時効期間が満了したときは、納税者の意思にかかわらず、租税の徴収権が消滅することになる（この点は、私債権と著しく異なる）。

(2)　特別の時効の完成猶予及び更新事由

租税債権については、民法の更新・完成猶予事由（前記2の(1)参照）に加えて、次に掲げる期間は時効完成せず、その期間を経

過した時から新たに進行を始める（通則法73条1項、地税法18条の2第1項）。

なお、いわゆる本税の時効の完成猶予及び更新の効力は、その租税の延滞税、利子税又は延滞金にも及ぶものとされている（通則法73条5項、地税法18条の2第1項）。

① 国税について更正、決定、賦課決定（特定の加算税の賦課決定。通則法73条1項2号参照）若しくは納説に関する告知又は地方税の納付若しくは納入に関する告知……これらの処分により租税を納付すべき期限までの期間、時効が完成猶予される（通則法73条1項1号から3号、地税法18条の2第1項1号）。

② 督促……督促状又は納付（納入）、催告書を発した日から起算して10日を経過した日（その日前に繰上差押えがされたときは、その日）までの期間、時効が完成猶予される（通則法73条1項4号、地税法18条の2第1項2号）。

③ 交付要求……交付要求がされている期間（滞納者に対する交付要求をした旨の通知がされていない期間があるときは、その期間を除く。）、時効が完成猶予される（通則法73条1項5号、地税法18条の2第1項3号）。なお、この交付要求による時効中断の効力は、その相手方執行機関の強制換価手続が取り消された場合でも、さかのぼって失なわれることはない（通則法73条2項、地税法18条の2第2項）。

(3) 時効の不進行

租税の徴収権の時効は、延納、納税の猶予又は徴収若しくは滞納処分に関する猶予にかかる租税（その附帯税も含まれる。）につき、その猶予等の期間内は進行しない（通則法73条4項、地税

法18条の２第４項)。

対策のポイント

　滞納国税の督促状を発してから４年を経過した場合には、まず、納税催告書を送付する。改正民法では催告時から６か月を経過するまでの間は、時効は完成しないと規定され、差押え等により更新されない場合には、経過した日に時効が完成する（民法150条)。したがって、差押えの予告をして差押えをするか、納付相談時に納付誓約書を提出させる。

Q98 国民健康保険料の消滅時効

保険料の消滅時効は何年ですか。

A --

　国民健康保険においては、保険料を確定する処分である賦課決定について、当該年度の初日（4月1日）を基準として年度単位で行うこととされ、保険料徴収権の消滅時効は2年とされている（国保法110条1項）。

　なお、日本では、すべての国民は何らかの公的医療保険制度に加入することが義務づけられ、これを「国民皆保険制度」という。よって、退職した際に、加入していた健康保険制度における任意継続被保険者になるか、家族が勤務先で加入している健康保険の被扶養者になるか、いずれも選択しなかった場合、その時点で市区町村が運営する国民健康保険に加入する義務が自動的に発生したことになる。そして、保険料は加入手続をしたところからではなく、加入義務が発生したところから納付義務が生じる。

　国民健康保険料の時効は2年なので、退職したのが1年前ならその時点までさかのぼり、全額の保険料を納付しなければならない。

　保険料の時効完成猶予は、保険法のほか民法の定めるところによる。保険法第110条第2項は、告知又は督促は、民法第153条の規定にかかわらず時効完成猶予及び更新の効力を生ずると規定しており、保険法に別段の定めがある場合を除いて民法の規定が準用されることになる。

　このようなことから、督促による時効完成猶予及び更新について

は、督促の翌日から再び時効が進行することが国税及び地方税と異なる。

対策のポイント

　各市区町村の住民税と国民健康保険料の徴収は、それぞれ、別々の部署で行っている。そのため、納税者は、住民税と国保料別々の部署で呼出しを受けて納税相談に出向き、両者に納付計画書を提出していることが多い。

　各市区町村では、税の滞納処分をした場合には、税の担当部署から保険料の徴税部署に連絡をして交付要求をしてもらうことを徹底し、保険料の時効消滅を防止している。

　また、保険料の部署では、時効が間近になったものについて、特別徴収部門担当を置いて差押え等を専門的に実施ししたり、保険料の徴収について、税に徴収委託をするなど、工夫をして時効消滅しないように施策を講じている。

Q99 国民健康保険料の滞納処分の根拠法令

国民健康保険料の滞納処分は、どの法令に基づいて行うのですか。

A --

　国民健康保険料の滞納処分手続については、根拠法の国民健康保険法に規定されていない。国民健康保険法は、「保険料その他この法律の規定により徴収金は、地方自治法第231条の３第３項に規定する法律で定める歳入とする」と規定している（国保法79条の２）。また、地方自治法第231条の３第１項は、「普通地方公共団体の歳入を納期限までに納付ない者があるときは、期限を指定して督促しなければならない」と規定し、同条第３項は、「普通地方公共団体の歳入について、地方税の滞納処分の例により処分することができる」と規定している。

　これらの規定から、保険料の滞納処分手続は、地方税の滞納処分の例により行うことになるが、地方税の滞納処分手続は、国税徴収法に規定する滞納処分の例によることとされているから（地税法331条６項、373条７項ほか）、結局のところ、保険料の滞納処分は徴収法の規定により行うことになる。

　国税滞納処分の例とは、滞納処分手続を包括的に準用するものであり、滞納処分手続について定めた国税徴収法第５章の規定を準用し、同法第２章第３節の国税と被担保債権との調整などの他の規定も準用範囲に含まれると解されている。

対策のポイント

　保険料は、地方公共団体の徴収金であるところ、地方自治法第231条の3第3項は、「徴収金の先取特権の順位は、国税及び地方税に次ぐ」と規定している。また、国税徴収法第8条及び地方税法第14条は、国税及び地方税はすべての公課その他の債権に先立って徴収すると規定している。

　したがって、保険料の徴収は、即時に取立てが可能な預金債権等の差押えに重点が置かれている。

Q100 不服申立制度

租税の徴収に関する不服申立ては、どのような制度ですか。

A

1 不服申立制度の意義

　租税の徴収に関する処分等について不服がある者の救済は、最終的には司法裁判所の手に委ねられるが、租税法律関係の特殊性（専門的・技術的なこと及び大量性・反覆性があること）から、訴訟とは別個の手続として不服申立ての制度が設けられている。

　国税に関する法律に基づく処分（例えば税務署長が行った更正・決定などの課税処分、差押えなどの滞納処分、その他税務上の各種申請に対する不許可処分）について不服がある場合には、当該処分により権利利益の侵害を受けた者は、税務署長に対する再審査の請求又は国税不服審判所長に対する審査請求を選択して、その不服を申し立てることができる。

　平成26年6月に、行政不服審査法の全部改正による不服申立制度の抜本的な見直しに伴い、国税に関する不服申立手続についても、二段階前置の改組（通則法75条）、不服申立期間の延長（同法77条）、審理関係人による物件の閲覧、謄写手続の整備（同法97条の3）の見直しが行われた。

　行政不服審査法は、審査請求を基本的な不服申立ての形態とし（審査法2条）、再調査の請求は、個別法に特別な定めを設けることにより、処分が大量集中的に行われ、かつ、当該処分に対する不服が概して要件事実の認定の当否に係る処分についてすることができ

るものとしており（同法5条）、これを受け、税法に基づく処分については、国税通則法において、国税不服審判所長に対して審査請求をすることができ、また、選択により、審査請求の前に、税務署長等に対して、再審査の請求をすることができる（通則法75条）。

2　不服申立ての形態

行政不服審査法は、不服申立ての形態を、①処分についての審査請求（審査法2条）、②不法行為についての審査請求（同法3条）、③再審査請求（同法6条）の三種に分類し、審査請求をもって不服申立ての基本類型としている。

地方税法は、不服申立ての形態につき特別の規定を設けていないから、行政不服審査法の規定に従うことになるが、国税の場合には、国税通則法に特別規定を設け、再調査請求を原則的な不服申立てとしている。

(1)　国税の場合

国税に関する処分に不服がある者は、直接国税不服審判所長に対して審査請求をすることができる。ただし、請求人の選択により、審査請求の前に再調査の請求をすることができ、再調査決定後にその決定になお不服がある場合の審査請求がある。再調査の請求をしている者は、次のいずれかに該当する場合には、その決定を経ないで、国税不服審判所長に対して審査請求をすることができる（通則法75条4項）。

① 再調査の請求した日の翌日から起算して3月を経過しても当該再調査の請求についての決定がない場合

② その他再調査の請求についての決定を経ないことにつき正当な理由がある場合

⑵　地方税の場合

　　処分についての不服申立ての種類については、地方税法においてはなんらの特例を設けず、すべて行政不服審査法の原則によることとし、審査請求を原則的な不服申立てとしている。したがって、支庁等（地税法３条の２に規定する支庁、地方事務所、市の区の事務所又は税務に関する事務所）の長が行なった処分についての不服申立ては、地方団体の長に対する審査請求として行ない、地方団体の長がした処分についての不服申立ては、地方団体の長に対する異議申立てとして行なうことになる。

　　なお、不服申立てについては、支庁等に所属する徴税吏員がした処分は、その所属する支庁等の長がした処分とみなし、支庁等に所属しない徴税吏員（本庁所属の徴税吏員）がした処分は、地方団体の長がした処分とみなされる（地税法19条の２）。

対策のポイント

　　不服申立ては、その処分に係る通知を受けた日の翌日から起算して３か月以内にしなければならない（通則法77条１項）。取消訴訟は、処分又は裁決等があったことを知った日から６か月以内に提起しなければならない（行政事件訴訟法14条１項）

Q101　破産手続と滞納整理

> 滞納者が破産開始決定を受けた場合、滞納整理はどのように
> すべきでしょうか。

1　破産手続

　破産法は支払不能又は債務超過にある債権者の財産等の清算に関
する手続を定めること等により債権者その他の利害関係人の利害及
び債務者と債権者との関係を適切に調整し、もって債務者の財産等
の適正かつ公正な清算を図るとともに、債務者について経済的な再
生の機会の確保を図ることを目的としている（破産法１条）。

　破産手続開始決定があると、その決定時における破産者の一切の
財産をもって破産財団を構成するのが原則である（破産法２条４項、
34条）。そして、この破産財団から弁済することとなる債権は、①
破産債権（破産法２条５項、98条１項、99条２項）と、②財団債権
（破産法２条７項、148条から152条）とに区分される。

　破産手続開始前の原因に基づいて生じたもののうち、破産手続開
始当時、まだ、納期限から１年を経過していない本税などは財団債
権となる一方、納期限から１年を経過している本税などは破産債権
となる。なお、破産手続と租税債権との関係について略述すると、
次のとおりである。

　　イ　管財人の権限との関係　　破産手続開始決定があると、破産
　　　財団の管理・処分の権限は破産管財人に専属する（破産法78条）。
　　　したがって、租税との関係においても、過誤納金等の返還は

管財人を直接の相手方とする等の措置が必要になる。

ロ　滞納処分に関する訴訟等の中断と受継　　破産財団に属する財産に関して破産手続開始当時裁判所に係属する訴訟事件又は行政庁に係属する事件は、破産によってその手続を中断し、破産管財人が受継することができる（民事訴訟法24条、破産法44条2項、46条）。

ハ　繰上請求又は猶予の取消との関係　　破産手続開始決定は、繰上請求（又は繰上徴収）の事由となり、また、納税の猶予等の取消事由となる（通則法49条、徴収法152条、地税法15条の3等）。

ニ　交付要求と滞納処分の続行　　破産手続開始決定があった場合には、租税について交付要求をしなければならず（徴収法82条）、また、破産手続決定前に開始されている滞納処分は、その続行をすることができる（破産法43条2項）。

2　破産手続における租税債権の地位

破産手続開始の決定がされると、開始の時において破産者が有する一切の財産は破産財団に属する財産として構成されるとともに（破産法2条14項、34条）、破産手続開始前の減員に基づいて生じた財産上の請求権は、破産債権としての地位が付与される（破産法2条5項）。

(1)　破産債権の区分

破産法上、租税債権は、財団債権、優先的破産債権及び劣後的破産債権の三種に区分される。

租税債権は、原則は、財団債権として、破産債権に先立って弁済される（破産法148条1項3号、151条）。

　しかし、破産手続開始当時、納期限から１年を経過している租税債権は、優先的破産債権となる（破産法98条１項、徴収法８条、地税法14条）。

　そして、破産手続開始前の原因に基づいて生じた租税等の請求権（本税）に係る加算税又は加算金は、劣後的破産債権とされている（破産法99条１項１号、97条３項）。

破産債権の区分

財団債権	最優先	破産手続開始後の原因に基づく租税等の請求権で「破産財団の管理・換価及び配当に関する費用の請求権（破産148①二）」に該当するもの 例えば、破産財団に帰属する財産の管理、換価に伴って発生する消費税、固定資産税、自動車税等。なお、破産管財人の報酬の源泉税、不納付加算税も財団債権とされる。
	次順位	破産手続開始前の原因に基づいて生じた租税債権であって、破産手続開始当時、まだ納期限が到来していない、又は納期限から１年を経過していない本税（破産148①三） 財団債権たる本税に係る延滞税、利子税、延滞金
優先的破産債権		破産手続開始前の原因に基づいて生じた租税債権であって、破産手続開始当時、納期限から１年を経過した本税（破産98、徴収８、地方14） 優先的破産債権たる本税に係る延滞税、利子税、延滞金のうち破産手続開始前までに生じたもの（破産98）
劣後的破産債権		加算税、加算金（破産99①一、97五） 優先的破産債権たる本税に係る延滞税、利子税、延滞金のうち破産手続開始後に生じたもの（破産99①一、97三） 破産手続開始後の原因に基づいた租税債権のうち破産財団の管理、換価に関する費用に該当しないもの（破産99①一、97四） 劣後的破産債権たる本税に係る延滞税、利子税、

| | | 延滞金 | |

(2)　租税債権の区分

　　これを租税債権の側から整理すると以下のとおりとなる。

租税債権の区分

本税	破産手続開始前の原因に基づく租税債権	破産手続開始当時まだ納期限が到来していないもの、または納期限から1年を経過していないもの	財団債権（破産148①三）
		破産手続開始当時、納期限から1年以上経過しているもの	優先的破産債権（破産98、徴収8、地方24）
	破産手続開始後の原因に基づく租税債権	破産財団の管理、換価に関する費用に該当するもの	財団債権（破産148①二）
		破産財団の管理、換価に関する費用に該当しないもの	劣後的破産債権（破産99①一、97四）
延滞税利子税延滞金	財団債権たる租税債権に係るもの		財団債権（破産148①四）
	優先的破産債権たる租税債権にかかるもの	破産手続開始までに生じたもの	優先的破産債権（破産98）
		破産手続開始後に生じたもの	劣後的破産債権（破産99①一、97三）
加算税、加算金			劣後的破産債権（破産99①一、97五）

(3)　財団債権間の優先順位

　財団債権は、破産手続によらず、破産財団から随時弁済を行うことができる（破産法2条7項）。

　しかし、破産財団が財団債権の総額を弁済するために不足することが明らかになった場合には、破産法第148条第1項第1号及び第2号の財団債権が他の財団債権より優先する（破産法152条2項）。

　よって、財団不足が生じた場合は、破産手続開始後の原因に基づく租税債権のうち破産財団の管理、換価に関する費用に該当するものが、破産手続開始当時まだ納期限が到来していない租税債権、納期限から1年を経過していない租税債権、及び財団債権たる本税に係る延滞税、利子税、延滞金に優先する。

　なお、財団の不足が生じた場合は、破産法第152条第2項を例外として、法令に定め優先権にかかわらず、未弁済額に応じた平等弁済をなすとされていることから（破産法152条1項）、財団債権においては、優先的破産債権と異なり、公租と公課の間で優劣はない。

(4)　優先的破産債権間の優先順位

　優先的破産債権の優先順位は、民法、商法その他の法律の定めるところによるとされているところ（破産法98条2項）、国税徴収法第8条に国税優先の原則が規定され、地方税法第14条に地方税優先の原則が規定され、公課については国税及び地方税に次ぐ先取特権を有する旨の規定がある（国民年金法98条、厚生年金保険法88条、健康保険法182条、国民健康保険法80条4項等）。

なお、租税債権に関する交付要求先着手主義は、破産手続には適用除外であることから（徴収法13条括弧書、地税法14条の7括弧書）、交付要求の前後にかかわらず、租税間では平等に扱われる。

配当原資が、優先的破産債権に該当する公租の合計額に満たない場合は、公租の額を按分して配当する。また、配当原資が、優先的破産債権たる公租の合計額は超えるが、優先的破産債権に該当する公租公課の合計額に満たない場合は、公租に全額を配当した上で、残額を公課に按分して配当する。

優先的破産債権間の優先順位

第1順位	公租	国税、地方税
第2順位	公課	各種社会保険、下水道代金等
第3順位	私債権	優先的破産債権に該当する労働債権等

3 交付要求

(1) 財団債権に属する租税に係る交付要求

破産手続開始の決定がされた場合、租税債権者は、財団債権である租税債権について、速やかに、破産管財人に対して交付要求書により交付要求しなければならない（徴収法2条13号、82条）。

交付要求をした財団債権に属する租税債権については、破産管財人から随時弁済を受けることができる（徴収法82条1項、破産法151条）。

また、財団債権については、破産債権とは異なり、債権届出

を要する旨の規定がないことから、破産手続終結の決定（破産法220条）、又は破産廃止の決定（破産法217条）があるまでは交付要求をすることができると解されるが、最後配当の手続に参加することができる破産債権者に対する配当額の定めがなされ、この通知がされたとき（破産法201条、203条）に破産管財人に知れていない財団債権は、最後配当をすることができる金額から弁済を受けることができなくなることから（破産法203条）、速やかに交付要求をする必要がある（徴収法基本通達82－3(1)、破産規50条1項）。

(2)　破産債権に属する租税債権に係る交付要求

　　租税債権のうち、優先的破産債権又は劣後的破産債権については、遅滞なく、破産裁判所に対して交付要求書により交付要求しなければならない（徴収法82条、破産法114条、徴収法基本通達82－3(2)）。

　　交付要求をした破産債権に属する租税債権については、破産手続から配当を受けることになる（破産法193条1項）。

(3)　財団不足になった場合の財産債権の取扱い

　　破産財団が財団債権の総額を弁済するに足りないことが明らかになったときは、まだ弁済を受けていない財団債権の債権額の割合に応じて弁済を受けることになる（破産法152条1項）。したがって、この場合には、租税の優先権の規定の適用はない。一方、破産債権者の共同の利益のためにする裁判上の費用の請求権並びに破産財団の管理、換価及び配当に関する費用の請求権は、他の債権に先立って弁済されるので（破産法152条2項）、これに該当する破産手続開始の決定後の原因に基づく源泉所得

税、消費税、間接諸税等の租税債権は、破産管財人の報酬等とともに他の債権に先立って弁済されることになる（最高裁昭和62年4月21日判決・判タ639号107頁）。

対策のポイント

　破産が開始されると、破産裁判所から債権届け出の催告書が送付されるため、遅滞なく、租税滞納の有無を調査して破産管財人又は破産裁判所に対し、交付要求をする。

〔著者略歴〕

橘 素子（たちばな　もとこ）

　税理士

昭和57年3月　明治大学法学部法律学科卒業
同年4月　東京国税局に採用
東京国税局、東京国税不服審判所、麹町税務署等において勤務
令和元年7月　退官
令和元年8月　税理士登録
日本大学経済学部大学院経済学研究科租税研究コース講師

〔主な著書〕
最近の判例に学ぶ徴収実務（大蔵財務協会）
租税公課徴収実務のポイント300選（大蔵財務協会）
市町村職員のための徴収実務ハンドブック（大蔵財務協会）
第二次納税義務制度の実務（大蔵財務協会）
滞納処分と民事執行の実務（大蔵財務協会）
企業再生の税務（大蔵財務協会）

他多数

租税徴収の実務対策101

令和3年7月15日　初版印刷
令和3年8月4日　初版発行

不　許
複　製

著　者　橘　　素　子

（一財）大蔵財務協会　理事長
発行者　木　村　幸　俊

発行所　一般財団法人　大　蔵　財　務　協　会
〔郵便番号　130-8585〕
東京都墨田区東駒形1丁目14番1号
（出版編集部）TEL03（3829）4142・FAX03（3829）4005
（販　売　部）TEL03（3829）4141・FAX03（3829）4001
http://www.zaikyo.or.jp

乱丁・落丁はお取替えいたします。　　　　印刷／㈱恵友社
ISBN978-4-7547-2897-7